Nicolas Horry

RABELAIS RESSUSCITE

Texte
présenté et annoté par
Neil Goodley

University of Exeter
1976

Textes Littéraires

© N. Goodley

IBSN 0 85989 006 6

Printed by
Exeter University Printing Unit
June 1976

INTRODUCTION

Nous présentons aux lecteurs une œuvre peu connue qui n'eut, croyait-on, que trois éditions en son siècle et qui ne fut réimprimée depuis qu'en 1867, et à cent exemplaires seulement. Notre texte est celui d'une édition encore inconnue jusqu'ici des bibliographes et des bibliophiles, et dont nous avons découvert un exemplaire à la Bibliothèque de la Cathédrale d'Exeter (Grande Bretagne).

Il n'existe pour ainsi dire aucune analyse sérieuse de cette œuvre et nul renseignement sur son auteur. La réimpression de 1867 ne contribue en rien ni à l'analyse du texte, ni au rapport existant entre celui-ci et cet héritage rabelaisien dont il fait partie. Il est bien temps, croyons-nous, de ressusciter ce *Rabelais Ressuscité*, en raison de l'intérêt qu'il présente pour ceux qui s'intéressent aux questions politiques et historiques du temps, et pour tout lecteur de Rabelais qui voudrait étudier l'influence de son œuvre littéraire. Ce texte, relativement unique dans la "tradition" rabelaisienne, posait plusieurs problèmes. Il fallait définir ses rapports avec Rabelais: pastiche, parodie, conte bouffon, pamphlet religieux ou politique, continuation du pèlerinage symbolique, traité philosophique déguisé - les possibilités étaient nombreuses. Il fallait expliquer pourquoi Horry avait recours au maître en 1610, pourquoi il avait retenu certains éléments rabelaisiens pour en négliger plusieurs autres, et comment sa manière d'exploiter l'œuvre rabelaisienne répondait aux goûts du temps et à la situation contemporaine. Bref, il importait d'expliquer l'existence - et l'échec - de cette œuvre, tâche qui nécessitait l'élaboration d'une vue d'ensemble sur le destin et l'influence de l'œuvre rabelaisienne jusqu'à l'apparition de notre texte. Qu'il s'agisse de l'influence subie ou de l'imitation voulue, de l'inspiration commune ou d'une simple similitude d'esprit, aucune œuvre appartenant à cette 'tradition' rabelaisienne et parue avant la nôtre ne peut être écartée. Au moyen de ce résumé, nécessairement bref, et de notre analyse du *Rabelais Ressuscité*, nous espérons pouvoir donner aux lecteurs tous les éléments nécessaires pour leur permettre de juger de la valeur du *Rabelais Ressuscité* à la fois comme œuvre individuelle et comme document de la tradition rabelaisienne.

L'héritage littéraire de Rabelais jusqu'en 1610.

On se tromperait de voir l'influence du maître dans les nombreuses chroniques "gargantuines" publiées entre 1532 et 1534. Non seulement il est possible que certaines d'entre ces œuvres aient paru avant le *Pantagruel*, mais encore il est évident qu'elles se rattachent directement aux légendes et non pas à Rabelais (1). C'est ailleurs, donc, qu'il faut chercher les effets de la publication de *Pantagruel*. Le *Grand parangon des nouvelles nouvelles* (1535-6) de Nicolas de Troyes, révèle plusieurs emprunts à *Pantagruel* (2); le *Livre des marchans* (Neuchâtel, 1533) du prédicateur Antoine Marcourt, s'empare des noms de Pantagruel et de Panurge comme moyens "publicitaires", comme le fait également l'auteur du *Songe de Pantagruel* en 1542. Rabelais figure dans les échanges entre Sagon et Marot (3), et son œuvre inspire des publications telles les *Navigations de Panurge, disciple de Pantagruel, ès isles incognueues et estranges* (Lyon, 1543), et la *Navigation du Compaignon à la bouteille* (Rouen, 1545).

"L'absolue perversité" et "l'outrecuidance diabolique" du Rabelais "hérétique" et de ses "misérables papiers" suscitent les attaques d'un Puy-Herbault et d'un Calvin (4), le Rabelais "contempteur des Dames", occupe une place controversée dans la querelle des femmes (5), et en 1547 on retrouve non seulement de nombreux emprunts textuels et matériels, mais l'essence même du pantagruélisme dans les *Propos Rustiques* de Noël du Fail. Optimisme restreint et calme, indulgence souriante, refus de "trop se soucier" des choses fortuites, accueil des biens accordés par la nature sans jamais questionner l'ordre des choses établi par le créateur qu'il faut aimer, révérer et craindre, mépris des excès de l'ambition, des abus des médecins ou des avocats, de ceux qui s'attendent à ce que la vie leur fournisse des dons gratuits, sans exiger un effort de leur part - l'attitude de du Fail est nettement pantagruéliste.

En 1549, *Le Cinquiesme livre des faictz et dictz du noble Pantagruel*, pamphlet qui penche vers le protestantisme, est publié sous le nom du maître, tandis que la *Mitistoire Barragouyne de Fanfreluche et Gaudichon* de Guillaume des Autelz (1550/1551?) constitue un véritable pastiche du style et des récits rabelaisiens (6).

En dépit de la suppression du *Quart Livre* le 1er mars, 1552, la période qui suit marque l'abandon progressif de la signification religieuse qu'on voulait voir, pendant sa vie, dans l'œuvre du maître. Dès 1550, Calvin dénonce l'attitude de Rabelais, les catholiques oublient son hérésie, la menace genevoise croissante étouffe les accusations dirigées contre le maître après la condamnation du cardinal de Châtillon, à qui Rabelais avait dédié *Le Quart Livre*. La mode passe d'examiner les positions religieuses attribuées au maître, et l'on s'attache plutôt à l'aspect bouffon de sa vie, telle qu'on se plait à l'imaginer d'après celle de ses personnages. C'est un précédent de la confession de Montaigne; l'œuvre engendre un Rabelais à son image, comme en témoignent les nombreuses anecdotes entourant sa mort en 1553.

Pendant les décades qui suivent, on s'en prend de moins en moins à Rabelais, en tant qu'individu, et en tant qu'homme vu à travers son œuvre. L'homme est mort, il ne reste que ses œuvres - fonds littéraire et moyen publicitaire. Qu'on soit pantagruéliste, calviniste, pamphlétaire, homme politique, ou simple conteur, on ne cessera d'exploiter son génie littéraire.

Les Nouvelles Recreations et Joyeux Devis (Lyon, 1558, attribuées à Bonaventure Des Périers), dont la forme et le fond sont aussi loin des œuvres de Rabelais que l'étaient ceux des *Propos Rustiques,* montrent cependant une tournure d'esprit et un style très rabelaisiens, et en plus, bon nombre d'allusions au maître. Calvin ne manquait pas de signaler le rapprochement entre les deux auteurs. Par ses affinités stylistiques, et par sa façon de regarder le monde, Des Périers suit de près Rabelais. Il nous parle de "ceste bonne paste de gens qui ne prennent point trop les matières à cueur" (Nouvelle V), il nous conseille de vivre en paix, de garder le silence, de suivre la nature, car "ainsi va le monde". On prendrait facilement la première Nouvelle pour un prologue de Rabelais:

"... c'est aux malades qu'il fault medecine ... Bien vivre et se resjouir. Une trop grand patience vous consume ... vous faut-il desesperer? Ne vault-il pas mieux se resjouir en attendant mieux que se fascher d'une chose qui n'est pas en nostre puissance? ... pour vous y aider, je vous donne ces plaisans Comptes ... je n'y songe ny mal ni malice; il n'y ha point de sens allegorique, mystique, fantastique ... telz les voyez, telz les prenez ... Riez seulement, et ne vous chaille ... Ha! Ha! c'est trop argüé! Riez si vous voulez, autrement vous me faites un mauvais tour. Lisez hardiment"(7).

Comme Noël du Fail, Des Périers est imbu de verve rabelaisienne. Il a recours au maître chez qui il trouve un moyen d'exprimer sa philosophie, mais sans vouloir lui attribuer des idées politico-religieuses.

L'intensification de la polémique entre les catholiques et les huguenots est marquée par de nombreux pamphlets dont bon nombre s'inspirent du ton bouffon et burlesque de Rabelais. On peut citer, entre autres, la *Nécromancie papale* (Pierre Viret, Genève, 1553), *La Papimanie de France* (œuvre anonyme, 1567), le *Combat du fidèle papiste* (Artus Désiré, Rouen, 1550), la *Comédie du Pape Malade* (1561, attribuée à Badius), les *Satires chrestiennes de la Cuisine Papale* (Genève, 1560, attribuées à Calvin, Viret, de Bèze, et Estienne), et l'*Anatomie de la messe* (attribuée tour à tour à Viret et à de Bèze)(8). Parmi ces nombreuses œuvres, il en existe qui ont mené à bien leur exploitation du maître. Même les meilleures, cependant, comme la lettre de *maître Benoît Passavant* de T. de Bèze, ou le *Passavant parisien* (Antoine Cathelan, Lyon, 1556), se bornent à emprunter à Rabelais quelques détails techniques qui ne constituent que de petits épisodes dans son voyage multi-symbolique du *Quart Livre*, à savoir, par exemple, la création d'un monstre basée sur le "Quaresmeprenant" de Rabelais.

L'esprit rabelaisien fait défaut dans ces pamphlets. On se saisit des images devenues légendaires de l'allégorie rabelaisienne. Il suffit d'un mot - "Papimanes", "decretales", "Gaster", "Sainct Victor", "Panurge", "Homenaz" - pour évoquer maints souvenirs et épisodes satiriques, et un répertoire inépuisable de personnages. Rabelais fournit à ces auteurs le moyen de traduire leurs griefs en une satire visuelle, en une suite d'images grotesques et frappantes. C'est un renversement de la situation, car Rabelais, a-t-il fait autre chose, dans *Le Quart Livre*, que d'amasser un tas d'images pittoresques et burlesques, que de construire, pour ainsi dire, un château de cartes, pour en fabriquer un édifice imaginaire qu'il situe dans un pays féerique, et pour arriver, par l'enchaînement délibéré de ces images, à l'allégorie pure? Et que font ces pamphlétaires, sinon de piller ce "château", de se saisir des images qui peuvent leur servir, les arrachant à la merveilleuse allégorie rabelaisienne pour en refaire des images simples, détachées, mais devenues immédiatement évocatrices?

Huguenot ou catholique, on ne trouve chez Rabelais qu'une inspiration pittoresque, burlesque, même bouffonne, mais essentiellement satirique. On semble enfin avoir oublié "l'absolue perversité" du maître. Malheureusement, on a presque tout oublié du véritable esprit rabelaisien. Cette littérature polémique est imbue de haine, caractérisée par l'exagération, écrite dans un but étroit et avide. C'est un genre qui exclut le sourire, et où l'on ne rit que pour se moquer et pour blasphémer. Intensité, amertume, souci continuel de dogmatiser, d'éblouir, de convaincre, de convertir même -

voilà qui empêche ces pamphlets de nous faire rire à gorge déployée.
Des œuvres dépourvues de la pure "matière à rire", de cette
'insouciance' rabelaisienne, de ce refus de dogmatiser, de se laisser
emporter; dépourvues enfin de cette "certaine gayeté d'esprit conficte
en mespris des choses fortuites" qu'est le pantagruélisme: on y
discerne facilement des techniques rabelaisiennes, mais le vrai Rabelais
n'y figure nulle part (9).

Jacques Tahureau réussit à transposer tout le bon sens et, ce qui
est plus étonnant, tout le rire de Rabelais dans une œuvre qui reste
pourtant foncièrement dans l'école des essayistes et moralistes, et ses
Dialogues (10) représentent la perfection de cette forme. Tahureau lance
une attaque spirituelle contre la folie humaine. Le fait qu'il mentionne
plusieurs des héros de "nostre non moins docte que facetieux Rabelais",
qu'il emploie des termes comme "matagrabolizé" ou "superliquoquentieusement",
des phrases comme le "plus grand triboullet qui fut onques tribouillé de
couilles humaines", "quels braves sillogisateurs d'argumens cornus" ou
"quelque petit maistre es arts crotté" - tout ceci ne fait pas de lui un
pantagruéliste. De plus, Tahureau ne nous donne pas une imitation du
maître, et ses emprunts directs à celui-ci sont peu nombreux. C'est
plutôt la pertinence de leur emploi qui souligne l'affinité d'esprit des
deux auteurs, l'aisance avec laquelle Tahureau traduit son attitude
pantagruélique par des phrases et une allure qui le sont également. Tout
lecteur du maître reproduirait facilement une cinquantaine de "bons mots"
rabelaisiens, mais pour les introduire sans interrompre l'entrain du livre
et, cela d'une manière si naturelle, dans un livre dont le genre reste
d'ailleurs si différent de celui du maître, il faudrait évidemment avoir
bien apprécié son Rabelais.

Quant à du Fail, Des Périers, Tahureau, leurs œuvres très différentes
et très éloignées d'ailleurs des récits rabelaisiens, nous renvoient toutes
au pantagruélisme. Cette distance même entre le "genre" du maître et ceux
de ses disciples ne fait qu'indiquer jusqu'à quel point ceux-ci avaient
goûté et maîtrisé son esprit.

On a vu le rire rabelaisien changé en venin par les pamphlétaires,
on a vu également des auteurs doués qui témoignent d'une affinité
stylistique et même philosophique avec le maître - conteurs, moralistes,
essayistes, satiristes. Mais la gaieté et la simple bouffonnerie du
maître ne sont pas mortes avec l'"Epitafe" d'un Ronsard en 1554 ou le
vaisseau de guerre nommé "Pantagruel" lancé trois ans plus tard. Des
réminiscences plus gaies, plus légères du maître apparaissent dans les
Joyeuses recherches de la langue tolosaine de Claude Odde de Triors,
publiées à Toulouse en 1578. L'auteur de cette défense facétieuse du
langage toulousain se sert de Rabelais pour orner son ouvrage d'idées et
de tours stylistiques burlesques. Il favorise la technique évidente
dans l'épisode de Saint-Victor: juxtaposition burlesque et inattendue,
nuances ironiques et invention de titres grotesques et évocateurs.
C'est une technique utilisée sans discrimination dans les pamphlets, et
souvent aux dépens du Pape, mais chez Odde de Triors, l'emploi de ces
idées mi-bouffonnes, mi-sérieuses de Rabelais ne semble en retenir que
l'aspect bouffon, l'ironie, le rire enfin. Il s'agit pour lui d'appliquer
des techniques les plus nuancées du maître de façon à n'en faire ressortir
que la facétie:

"... en faisant cecy, je ay consumé et despendu beaucoup plus de
vin que d'huile, ô de par Dieu, je me faus, je voulois dire plus d'huile
que de vin ... Je vous prie bien fort pour l'amitié que je vous porte, de
vous despoiller de toute affection, et considerer un peu de près combien
de veillées, nuictées et lucubrations il m'a fallu passer pour bien
regarder, ruminer, recoler, lire, relire, feuilleter, refeuilleter tant
de beaux livres Tolosains ... "(11).

Aucun auteur n'étant donc capable de reproduire la totalité du
génie rabelaisien, on n'a vu, jusqu'en 1580, qu'un éparpillement de ses
dons littéraires parmi toute une gamme d'auteurs. Nous retrouvons son
empreinte satirique chez les polémistes, mais aucune preuve d'un
discernement de la 'sustantificque mouelle' du pantagruélisme; pour ces
auteurs Rabelais n'est qu'un moyen de propagande. Chez des écrivains
facétieux comme G. des Autelz ou Odde de Triors on retrouve des aspects
du Rabelais artiste: le burlesque, la bouffonnerie, l'invention et la
comédie verbales, la manipulation du langage. De tels emprunts
stylistiques ornent une variété étonnante de genres, depuis le récit qui
crée de nouvelles aventures d'après le modèle des chroniques pantagruélines,
comme la *Mitistoire*, jusqu'aux ouvrages "non moins profitables que
facetieux" d'un Tahureau. Enfin on retrouve le Rabelais philosophe ou
pantagruéliste chez un Du Fail ou un Des Périers, des auteurs qui semblent
vraiment s'identifier à la philosophie de Rabelais, qui s'emparent de son
optimisme ainsi que des aspects purement styliques de son œuvre, mais
tout en produisant des créations personnelles et indépendantes.

L'existence de ces chemins de l'influence littéraire de Rabelais,
n'empêche pas pourtant une confusion permanente entre l'homme et la
légende. Le caractère persuasif de la légende "bouffonne" et l'importance
qu'on avait accordée à l'orthodoxie douteuse de l'auteur ternissent toujours
la façon dont on l'interprète. On connaît bien l'exemple d'Antoine du
Verdier, qui, dans sa *Bibliothèque* de 1585, verra toujours en Rabelais un
"moqueur de Dieu et du monde". Impie, athée, sa mémoire mérite d'être
"ensevelie aux plus profondes tenebres de silence et couverte entierement
des eaux de l'oubly". Son œuvre méprisable serait, pourtant, explicable,
car "il ne peut sortir du sac que ce qui y est ... sa vie estoit de
mesmes et non moins insolente que ses escrits".(P.408). Mais voici que
dans l'édition de 1604 de sa *Prosopographie*, du Verdier rejette son avis
antérieur, basé sur la "commune voix":

"Quant à ses oeuvres, on y descouvre un merveilleusement bel esprit.
Son mal-heur est que chacun s'est voulu mesler de Pantagruelliser, et sont
sortis plusieurs livres soubs son nom adjoustez à ses œuvres, qui ne sont
de luy, comme l'Isle sonante faicte par un escholier de Valence et autres".
(t.III, pp.2452-3).

Et pourtant, en ce qui concerne la littérature, on ne peut plus
catégoriser les attitudes des catholiques ou des huguenots envers Rabelais.
Si Calvin déteste Rabelais, Théodore de Bèze se réjouit de ses qualités
littéraires. L'héritage rabelaisien dans la période qui s'étend de sa
mort à 1580 ne contient pas une dichotomie religieuse mais une dichotomie
littéraire. On peut la résumer par les deux mots de 'transposition' et
d''utilisation'. Ce dernier terme traduit l'attitude de la plupart des
auteurs polémiques, politico-religieux, qui utilisent Rabelais - catholiques,

huguenots et calvinistes - comme une arme de plus sur le champ de bataille. La transposition se fera donc dans l'emploi de Rabelais sur le plan philosophique, et proprement littéraire, ou, comme on l'a vu, à des fins publicitaires (mais dépourvues de tout intérêt religieux ou politique - il s'agit de publicité littéraire). C'est donc chez les conteurs, les facétieux, et même les moralistes ou les philosophes que cette 'transposition' se manifeste.

Que devient ce double-héritage rabelaisien entre 1580 et 1610? En ce qui concerne la transposition de son art et son esprit, l'an 1583 voit la publication à Paris de l'œuvre d'Etienne Tabourot: *Les Bigarrures et touches du Seigneur des Accords, avec les Apophtegmes du sieur Gaulard et les Escraignes Dijonnoises.* Tabourot n'y cache ni son admiration pour Rabelais ni sa dette envers lui. Il se sert du maître pour agrémenter son œuvre d'allusions piquantes, évocatrices, amusantes. En considérant l'allure facile et 'riante' de ses renseignements dans les *Bigarrures*, la gauloiserie, les peintures de mœurs et les caricatures des *Apophtegmes* et des *Escraignes*, on voit que l'œuvre est imbue de l'esprit rabelaisien, et Tabourot n'hésite pas à nous rappeler l'abbaye de Thélème, Raminagrobis, la façon dont la ville de Paris reçut son nom ou les "Freres Fredons", et il examine même l'épisode du "dyamant faulx". Tabourot, "promoteur de la Sainte-Union, et l'un des chefs les plus zélés de ce mouvement", catholique intolérant qui ne cessa , en plus, de "pousser les Dijonnais à la guerre contre les huguenots"(12) nous indique que la portée de l'influence purement littéraire du maître passe maintenant dans le camp de ceux qui, autrefois, ne voulaient que l'exploiter comme moyen de propagande. Comme Odde de Triors, il est Ligueur. Or tous deux s'occupent ouvertement de religion et de politique, et chez tous deux l'influence rabelaisienne est manifeste dans leurs écrits, mais tous deux se bornent, dans les *Bigarrures* et les *Joyeuses Recherches* à agrémenter leurs œuvres de souvenirs du maître sans aucune prétention religieuse ou politique. En plus, comme les *Joyeuses Recherches*, les *Bigarrures* ne constituent nullement un simple recueil de contes. Leur auteur serait un de ces "scientifiques gausseurs"(13) dont fait partie Rabelais lui-même. L'art de Rabelais est passé dans les mains des érudits, des observateurs de la vie contemporaine, des auteurs satiriques, critiques, et même des hommes d'intransigeance religieuse et d'ambition politique, mais qui ne se soucient pas pourtant d'exploiter son influence dans un but religieux ou politique. Il semble que même le fanatisme politico-religieux ne restera pas longtemps aveugle au génie purement littéraire du maître.

Les *Serées* de Guillaume Bouchet (14) constituent des dissertations sur les sujets les plus variés. Bouchet cite à plusieurs reprises le nom de Rabelais et de ses héros, il inclut des expressions rabelaisiennes ainsi que des allusions aux épisodes des œuvres du maître. Mais, bien qu'il fût un admirateur de Rabelais, sa dette littéraire envers celui-ci se borne à quelques allusions accidentelles, à de petites phrases comme "ce que dit le docte Rabelais" ou "comme dit Panurge" - à des souvenirs localisés, à des comparaisons évocatrices, mais brèves, qui divertissent, qui animent son œuvre, mais qui ne constituent qu'une pure décoration de son œuvre, qu'une transposition toute simple. On peut en dire autant pour les quatre ouvrages de N. de Cholières: *Les neuf matinées*, Paris, 1585; *Les Après Disnées*, Paris, 1587, *La guerre des masles contre les femelles*, Paris, 1588, et la *Forest nuptiale*, Paris, 1600. Comme l'avait fait Tabourot en construisant sa revue de l'art poétique, Cholières se sert de Rabelais (qu'il se défend pourtant d'avoir la présomption d'imiter dans *La guerre des masles contre les femelles*) pour mieux exprimer ses idées et pour rendre plus vives ses critiques des avocats, des médecins, ou des femmes. On trouve une étroite alliance de pensée avec le maître, mais les emprunts visibles à celui-ci restent plutôt stylistiques que polémiques. C'est encore un exemple de l'emploi des allusions à l'œuvre rabelaisienne comme ornement littéraire.

Les contes et discours d'Eutrapel (Rennes, 1585), œuvre qui a connu cinq rééditions de 1586 à 1603, nous rappelle cet autre lecteur de Rabelais, Noël du Fail. L'écolier limousin, la question du mariage de Panurge, la louange des dettes, le rapport entre Jésus-Christ et Pan, un "Frere Fredon" ou les "pauvres verolez precieux" - l'œuvre de Rabelais, "ce hautain esprit" n'y est pas oubliée, quoique les emprunts stylistiques soient moins évidents, et moins forcés, que dans les *Baliverneries* de 1548. Du Fail satirise et dénonce tous les abus contemporains publics ou privés, comme un autre Montaigne, mais il n'est toujours pas un simple moraliste, ses idées étant traduites au moyen d'admirables peintures de moeurs, de dialogues, d'anecdotes, de contes facétieux ou de vulgarités. Il est à la fois conteur, philosophe/moraliste et critique, créant une telle cohésion entre ses critiques ou satires, et son art de conter, que l'un ne domine jamais aux dépens de l'autre. On n'est pas étonné que Du Fail soit comparé, dans l' "Epistre au lecteur", à Rabelais et à Tabourot, qui sont qualifiés de "scientifiques gausseurs".

En 1606, l'*Histoire macaronique*, traduction anonyme de l'œuvre de Théophile Folengo qui avait fourni tant d'inspiration au maître, va aussi, à son tour, s'inspirer de la renommée de celui-ci. Le nom de Rabelais qui figurait dans le titre même de ce chef-d'œuvre servait évidemment de recommandation suffisante pour le public français, dont une partie allait même peut-être y voir un pastiche de l'œuvre rabelaisienne. L'avertissement et "l'imprimeur au lecteur" de cette œuvre, imbus d'images culinaires, semblables au prologue de *Gargantua* par leur référence à Homère et leur recommandation de chercher une "sustantificque mouelle" sous les apparences fabuleuses de l'œuvre, font mention de "ce grand docteur Me François", et on peut conjecturer que l'auteur de cette traduction trouva à plusieurs reprises son inspiration artistique dans l'œuvre de Rabelais (15).

Le dernier ouvrage paru avant celui de Horry et qui s'inspire de Rabelais d'une manière purement artistique, est *Le Moyen de Parvenir* (Paris, 1610), attribué à Béroalde de Verville. C'est une œuvre où l'on a voulu voir la main de Rabelais, non seulement parce que l'auteur prétend que "les substances de ce présent ouvrage et enseignements de ce livre furent trouvées entre les menues besognes de la fille de l'auteur" (16), mais parce que la verve et le style rabelaisiens s'étalent à chaque page. C'est un recueil de facéties qui se présente toutefois comme une énigme indéchiffrable, qui veut s'associer aux boîtes silènes et à cette "sustantificque mouelle" déguisée du maître. Satire universelle, "où je reprends les vices de chacun" (17), c'est néanmoins un livre à clef, où il cache ses contemporains sous les noms d'illustres anciens, et enveloppe les identités des personnages dans des allusions et des anagrammes, et où il cache des faits véritables sous une forme romanesque. L'énigme n'est pas, cependant, la seule technique qui remonte à Rabelais. On trouve ce même souci de vérité accompagné d'un mépris moqueur envers ceux qui ne voudraient

pas croire, ce mélange d'histoires de pets et d'ordures, ou d'anecdotes
sexuelles si cher au maître, d'authentifications basées sur des anecdotes
ou des idées anciennes, d'explications burlesques de faits triviaux et
banals, d'un proverbe ou d'un nom propre - enfin tout l'esprit burlesque,
la gauloiserie, et les railleries gaillardes de Rabelais. Toutes les
cibles de la satire rabelaisienne s'y trouvent, mais la satire n'est jamais
exprimée sous forme d'exposition sérieuse. Qu'il s'agisse de la façon de
graisser la patte à son juge, de la curiosité des nonnes, du petit saint
homme qui devint méchant comme un diable dès qu'il fut moine, ou du secret
infaillible pour savoir si une fille est pucelle, c'est le rire et le ton
facétieux qui prédominent.

Le fait donc, que Rabelais lui-même figure parmi les convives du banquet
ne nous trompe pas. Les emprunts matériels, les allusions directes à son
oeuvre ne constituent pas la dette de cette oeuvre envers lui. On y
trouve surtout une similitude de technique, cette verve gauloise au service
d'une critique quelquefois acharnée mais qui ne perd jamais son ton facétieux:

"Avisez doncques bien, et diligemment épluchez, et voyez avec curieuse
conférence. ... je vous dirai le secret des secrets; mais je vous prie, afin
qu'il soit secret, de vous embéguiner le museau du cadenas de taciturnité ...
Tenez-le fort caché, et vous gardez des pattes pelues de ces enfarinés, qui
gourmandent la science et l'emplissent d'abus; étrangez-vous de ces pifres
présomptueux, qui, voyant les bonnes personnes désireuses de se calfeutrer
le cerveau d'un peu de bonne lecture et profitable, s'en scandalisent;
chassez ces écorcheurs de latin, ces écarteleux de sentences, maquereaux de
passages poétiques ... ces entre-lardeurs de théologie allégorique, ... Je
les renvoie au principal du collège de Genève. J'en atteste la pantoufle
du pape, que je dis vrai." (pp.30-32).

Voilà un extrait typique, où les idées, le choix des mots, l'assonance,
les images et les métaphores, le ton intime, à la fois moqueur, ironique et
grave - où tous les éléments stylistiques enfin, font penser au langage
comique et coloré du maître. L'oeuvre constitue un des points culminants
de l'art de transposer le style et la verve du maître, de l'intégrer dans
une création artistique indépendante.

Le Moyen de Parvenir a su assimiler les idées, le style, et l'esprit
de Rabelais sans, cependant, perpétrer aucun plagiat, aucune imitation servile,
aucune dichotomie interne. La transposition de l'art rabelaisien, dans un
but créateur, littéraire, et artistique, et sans aucun souci polémique,
aboutit donc en 1610 à cette oeuvre qui constitue le point culminant du
"style narratif". Et cependant, cette transposition a pris, entre 1580
et 1610, une autre direction, et nous avons trouvé des auteurs qui
agrémentent leurs oeuvres des idées et du style rabelaisiens, mais qui ne
se bornent pas à narrer des contes facétieux, ce sont ces "scientifiques
gausseurs", comme un Tabourot, chez qui l'érudition et la critique tendent
à diminuer la valeur purement littéraire, et où l'harmonie, l'unité de genre,
la manière de s'exprimer, sont sacrifiées au contenu plus sérieux de l'oeuvre.
Il s'agit toujours d'une transposition artistique, où Rabelais fournit une
décoration littéraire, et ne sert aucunement de moyen de propagande, mais
on discerne facilement que la majorité des auteurs qui ornent leurs ouvrages
de réminiscences rabelaisiennes sont plus "utiles" que "doux", et que la
simple transposition artistique disparaît lentement devant cet autre aspect

de son héritage qu'est l'utilisation, l'exploitation dans un but plutôt polémique que littéraire.

Ainsi n'est-il pas étonnant que dans cette période de 1580 à 1610 qui constitue l'apogée de la polémique, l'influence de Rabelais se manifeste surtout dans le pamphlet, qui domine de loin tout autre genre littéraire. Or, cette utilisation polémique du maître pendant la période de 1580 à 1610, prend une direction de plus en plus artistique et créatrice, tout comme l'héritage de simple transposition stylistique dans les œuvres non-polémiques devient progressivement plus polémique. On trouve, bien sûr de nombreux pamphlets dont la dette envers Rabelais se borne toujours à quelques simples allusions. Mentionnons *Le Cabinet du roi de France* (1581) du protestant Barnaud, qui s'inspire du 53e chapitre du *Quart Livre* en faisant du pape un alchimiste expert, cachant ses critiques dans une allégorie hermétique, et la *Bibliothèque de Madame de Montpensier*, dont non seulement l'esprit burlesque et satirique, mais la forme même et le thème principal sont redevables à la "librairie de Sainct Victor". La technique qu'un Odde de Triors tournait facétieusement contre les pédants est passée aux mains des satiristes politiques. Mais on trouve également dans cette période des œuvres polémiques où l'influence rabelaisienne dépasse de loin cette simple exploitation sectaire qui avait tant borné la valeur littéraire d'un si grand nombre de pamphlets.

Le banquet rabelaisien dépeint dans le *Plaisant discours d'un Seize catéchisé par les politiques* (pamphlet anonyme, publié peut-être en 1593) pétille de plaisanteries alertes, bouffonnes, et joviales. La satire est sans amertume, et nous fait penser plutôt à la légèreté et à l'humour accompagnant la peinture d'un Panurge. Le ridicule et le burlesque prédominent, et la polémique du pamphlet s'efface devant sa valeur comique et littéraire. L'allure et le style rabelaisiens sont intégrés également dans les *Paraboles de Cicquot*, attribuées à Odde de Triors, (Paris, 1594), mais c'est *La Satyre Ménippée*, publiée la même année qui révèle une véritable maîtrise des techniques satiriques de Rabelais. Il ne suffit plus de se saisir d'un seul mot, comme 'la papimanie', qui nous renvoie directement à l'œuvre du maître et fait rire d'un conte écrit par Rabelais une cinquantaine d'années auparavant, procédé qui ne contribue pas, d'ailleurs, à faire du pamphlet une œuvre d'art en soi. La présentation du pamphlet est devenue, vers la fin du siècle, aussi importante que le contenu polémique, qui resterait inouï dans les mains d'un auteur médiocre, et l'art d'écrire - allégorie, métaphore, image, bouffonnerie ou satire burlesque - se développe et s'inspire de Rabelais à tel point que les pamphlets assument une importance littéraire et artistique qui dépasse celle de la polémique pure. Une œuvre comme le *Plaisant discours* représente pour l'utilisation, pour la simple exploitation du maître, ce que constitue une œuvre comme *Le Moyen de Parvenir* pour la transposition de son art - à savoir l'établissement, la définition d'une littérature rabelaisienne et non seulement néo-rabelaisienne; une littérature qui sait s'approprier le style, les techniques, et l'esprit rabelaisiens, mais qui témoigne en même temps d'une identité plus personnelle et moins disparate. C'est une littérature où on trouve plus de cohésion, plus d'unité, enfin une valeur littéraire et une identité bien établies et indépendantes.

La Satyre Ménippée, est marquée par les deux esprits distincts du pamphlet-chanson et du pamphlet-discours: bouffonnerie et éloquence, satire et éloge, facétie et gravité, ridicule burlesque et emportement sincère, parodie grotesque et politique saine. La facilité de l'emploi des techniques rabelaisiennes est due au fait que la cible de la satire et celle du ridicule restent fondamentalement les mêmes, à savoir l'hypocrisie. La première partie de l'œuvre, le pamphlet-chanson, est pleine d'allusions mordantes, de petites irrévérences ou gauloiseries, de termes crus et de plaisanteries grivoises; sa forme vive, son entrain, son caractère burlesque, sarcastique, grotesque, est rempli d'allusions et de techniques rabelaisiennes, souvenirs surtout des deux premiers livres. Les harangues bouffonnes et la description des tableaux remontent plutôt aux caricatures, aux longues allégories hermétiques, aux métaphores et aux critiques plus soutenues du *Quart Livre* et du *Cinquiesme Livre*. Rabelais avait de plus en plus introduit la mystification dans ses portraits satiriques; c'est une technique qui convient parfaitement à une mise en scène des principaux mystificateurs de la Ligue. Les auteurs, comme le maître, aiment à provoquer le rire, mais ils savent aussi se servir de l'éloquence. C'est ce que faisait Rabelais de temps en temps pour suggérer des réformes (on peut citer les lettres des pères aux fils, la harangue d'Ulrich Gallet, les sentiments religieux des géants, ou la critique des mariages qui se font sans l'aveu des parents), et c'est la technique de Pithou dans le discours de d'Aubray.

Allusions piquantes et allégories développées, noms facétieux et symboliques, néologismes et jeux de mots culinaires ou gaulois, caricatures, harangues bouffonnes, latin de cuisine, explications et descriptions burlesques et ridicules, emploi de faux éloges, mise en scène de personnages sots, et pompeux, de fanatiques religieux ou politiques, emploi du ton du miracle pour satiriser, du néo-mysticisme pour ridiculiser, juxtaposition grotesque et inattendue, - toute la richesse et la variété des techniques du maître sont transposée dans cette œuvre. Les attaques sont cachées sous l'allégorie, la réalité est renversée, présentée sous une forme burlesque. C'est non seulement la technique, mais l'esprit même du maître, qui savait bien qu'un récit pittoresque, ridicule, pétillant d'allusions et d'ironies, mais présenté d'une façon quelque peu détachée, qui laisse aux spectateurs le plaisir de se désabuser, vaut mieux qu'une série d'attaques directes, violentes, amères, ou qu'un discours grave et éloquent, dicté par l'emportement. L'auteur qui parle ne persuade personne, c'est à l'oeuvre de stimuler l'imagination. Ainsi ne trouve-t-on ni la haine ni la vengeance, mais le rire et l'incrédulité devant une scène fantastique, mais qui n'oublie pas, pourtant, son but vis-à-vis de la fâcheuse réalité. Scène où l'influence de Rabelais, est entièrement intégrée dans le texte jusqu'à en constituer une caractéristique de base, mais sans que ce soit la seule et unique valeur de l'œuvre; œuvre polémique, enfin, qui utilise le maître non pour renforcer sa politique mais pour renforcer sa façon de traduire et de présenter ces idées, qui ne se satisfait pas de simples emprunts, s'intéressant plutôt aux techniques satiriques que le maître avait lui-même renouvelées: au temps de *La Satyre Ménippée* le conte qui se voudrait rabelaisien est dépassé et semble avoir disparu, mais son art et son esprit sont véritablement ressuscités, et on peut parler d'une 'tradition rabelaisienne' florissante.

Toute l'invention linguistique et la poésie de Rabelais se retrouvent dans le *Hochepot ou Salmigondi des Folz* (1596, remaniement, de paternité

douteuse, de *Der Mallen Reden-kavel*). C'est un véritable pastiche du
style rabelaisien, où la langue, pour ainsi dire, vit, où l'on construit
des édifices basés sur les mots simples, la manipulation des mots semblant
guider les idées au lieu de servir à leur expression. Texte jésuite,
l'œuvre transcende pourtant les limites du pamphlet par ses dialogues
animés et colorés. Traiter d'une manière bouffonne les sujets graves et
controversés, persuader tout en divertissant de la manière la moins
pédantesque, la plus populaire: c'est la fusion de Rabelais et du
pamphlet religieux, comme l'est *La Satyre Ménippée* pour le pamphlet
politique. L'art de conter et l'art de critiquer; ces deux directions
qu'avait prises l'influence du maître, le conte et le pamphlet, convergent
vers la fin du siècle pour s'intégrer dans une même voie. Ainsi trouve-t-
on dans *La Cabale des Reformez* (Montpellier, 1597) du catholique Guillaume
Reboul une satire agréablement créatrice des huguenots, qui est en même
temps, sans doute, une parodie de leurs recours littéraires au maître. Là
où Rabelais voulait parodier les alchimistes, les mystificateurs et les
philosophes hermétiques, Reboul parodie, à son tour, cette parodie,
s'inspirant joyeusement du *Cinquiesme Livre*.

A mesure que les auteurs maîtrisent et amplifient le style et les
techniques du maître, les marquant d'une empreinte plus personnelle,
s'inspirant donc des qualités de Rabelais écrivain plutôt que de ses
personnages et épisodes devenus légendaires, il devient moins nécessaire
de se référer directement au maître de l'école. Les "rabelaisants" se
rendent compte que l'esclavage littéraire ne fait que fatiguer le lecteur,
tandis que le développement inspiré des qualités du modèle aidera enfin à
conserver l'idée de son vrai mérite tout en produisant une œuvre fraîche
et indépendante. Le *Tableau des Differens de la Religion* (Leyde, 1599) de
Marnix de Sainte-Aldegonde semble défier toutes ces règles par un mélange
unique d'esclavage et de création. Le nombre infini d'emprunts au maître,
qui va jusqu'à la reproduction, mot à mot, des descriptions de celui-ci,
remonte au fait que l'œuvre doit sa naissance et son caractère à une période
antérieure, peut-être même, avant 1569, tandis que le souci de mettre la
logique et le raisonnement au-dessus du parti-pris, l'entraînement agréable
de l'argumentation, l'allure facile et légère du style - enfin la facilité
avec laquelle on lit cette œuvre justifient sa position chronologique
comme un des derniers pamphlets de cette période, le pamphlet religieux
qui correspond au pamphlet politique le plus achevé, *La Satyre Ménippée*.
L'auteur savant de ce chef-d'œuvre imite partout le maître, mais il
reflète aussi le don créateur inhérent au style et à l'imitation de Rabelais
lui-même. Le don de l'imitation, de faire de ses emprunts une œuvre
créatrice et indépendante, est commun à Rabelais et à Marnix. Ils
méritent tous deux le titre de "maître". Marnix, homme d'un savoir
prodigieux, façonne de ses emprunts une création qui n'a pas vu d'égale,
une des attaques les plus efficaces contre l'ancienne église, qui est en
même temps une œuvre d'une valeur durable et universelle. Il est de
l'école du maître; il imite, mais il invente aussi, ajoutant aux formes
satiriques et aux inventions verbales de Rabelais. Il puise dans toutes
les sources, mais son érudition et son habileté assurent l'originalité de
l'œuvre, dont même les parties les plus dogmatiques ou les plus érudites sont
vivifiées et égayées par le style rabelaisien. Laissons le dernier mot à
L. Sainéan:

"L'œuvre de Marnix est la production la plus considérable de la

polémique religieuse du temps, en même temps que le plus vaste témoignage
de l'influence absorbante de Rabelais. Sous le rapport purement
linguistique, le *Tableau* reste un des monuments de cette langue surabondante
du XVIe siècle, qui trouve son point de départ dans Rabelais et son
aboutissement dans Marnix."

(*L'Influence et la Réputation de Rabelais,* p.302)

En 1610, en ce qui concerne l'influence littéraire de Rabelais, on ne
peut plus parler d'une empreinte polémique et d'une empreinte artistique
clairement distinctes l'une de l'autre. Des pamphlets tels que le
Hochepot, le *Tableau,* ou *La Satyre Ménippée* ne représentent pas une simple
exploitation polémique du maître, pas plus que des auteurs comme Tabourot,
du Fail, ou de Verville se bornent à orner leurs œuvres de simples
étiquettes rabelaisiennes. Les meilleurs conteurs ont su quitter le
terrain monotone des contes simplement gaulois ou "gargantuesques", tout
comme les meilleurs polémistes nous offrent des créations pétillantes
d'esprit et d'invention. La richesse stylistique, l'invention linguistique
et les techniques satiriques de Rabelais offrent un fond littéraire à tout
auteur qui sait les appliquer à sa propre création. Le fait qu'un jésuite,
un calviniste, un catholique orthodoxe, ou un "hérétique" puissent subir
l'influence du maître, ainsi que des hommes témoignant de vues politiques
diamétralement opposées, souligne la nature fondamentalement littéraire -
et non religieuse ou politique - de cette influence; le fait que même un
auteur médiocre publie une œuvre dont presque toute la technique satirique
et narrative remonte au *Quart Livre* (*Description de l'isle des Hermaphrodites,*
par Artus Thomas, Paris 1605), mais où l'on ne trouve qu'une allusion
directe à l'œuvre rabelaisienne, (le mot "Pantagruélique") souligne l'étendue
de cette inspiration, qui remplace les citations pures et simples. Un
processus de création, de réadaptation de l'art rabelaisien remplace la
simple reproduction de son œuvre propre.

L'ironie, le sarcasme et la critique mêlés à la bouffonnerie, la
verdeur du style, le goût du déguisement et de la création verbale gratuite,
ce mélange inextricable d'art littéraire et de souci polémique qu'on trouve
dans des œuvres comme le *Hochepot* et *La Satyre Ménippée,* constitue le
produit final de l'héritage rabelaisien qui s'offrira bientôt à un Scarron ou
à un Molière. N'est-ce pas, d'ailleurs, le reflet le plus juste de l'esprit
et du sens véritable des chroniques rabelaisiennes?

Il n'y a rien d'étonnant, donc, qu'une œuvre s'associant à Rabelais
soit publiée en 1611. Sans pouvoir rien anticiper à propos de la nature ou
des intentions du texte, on peut toutefois s'attendre à y trouver cette
empreinte *stylistique* du maître qui revient chez les polémistes et chez les
conteurs, empreinte qui s'est révélée notablement sous deux formes. D'abord,
on distingue la création d'une perspective satirique. Qu'il s'agisse ou non
d'une source commune - d'un Lucien, d'un Ménippe ou d'un Diogène - Rabelais
a manifestement provoqué un intérêt - une vogue même - pour une certaine forme
de satire; et cet intérêt se manifeste entre 1532 et 1610 par la création
d'une attitude satirique, attitude dont on trouve le reflet parfait dans
La Satyre Ménippée: portraits ridicules, caricatures burlesques, mélange de
réalité et de fantaisie - une ironie parfois mordante mais toujours souriante.
Réformer en riant, rire en réformant, c'est une technique qui reconnaît la

sympathie comme un élément essentiel de la satire efficace. Deuxièmement, on trouve la création d'une conscience de la malléabilité de la langue. Rabelais a exercé une influence verbale et linguistique libératrice. Non seulement la richesse et la variété de ses figures de rhétorique ont vivifié une grande partie de la littérature, mais on voit aussi l'influence de son attitude envers le langage. Son œuvre est pleine de métaphores, d'images, de proverbes et de locutions populaires et classiques, de jeux de mots de toutes sortes; c'est une allégorie pittoresque qu'on peut traduire de diverses façons et à divers niveaux de réalité ou de fantaisie. Mais ce n'est pas simplement ce fonds inépuisable de termes ou de jeux de mots qui est passé en d'autres mains; c'est son attitude même, sa conscience de la nature gratuite de la langue. Elle offre à Rabelais un plaisir qui dépasse le simple jeu de mots, d'où ses néologismes, ses accumulations, ses dérivations burlesques, ses édifices surréalistes fabriqués avec des mots. Cette reconnaissance de la puissance créatrice du language revivifie la langue de nombreux auteurs, leur fournit une nouvelle liberté d'expression, une nouvelle perspective sur le monde.

Pour appartenir à cette 'vogue', pour représenter l'aboutissement du développement de "l'école" rabelaisienne jusqu'en 1611, l'œuvre de Horry devrait incorporer au moins l'une de ces deux tendances stylistiques réminiscentes du maître - cette technique satirique et cet embellissement linguistique. Si, cependant, elle appartient à l'un de ces rameaux plus isolés de son influence, on s'attendrait à y voir toute une gamme d'emprunts très simples et matériels tels qu'on en trouve dans bon nombre d'œuvres "rabelaisiennes" qui suivent les traces du *Pantagruel*.

Le Texte.

Nous avons pris pour texte de notre édition, celui de l'édition de 1611, publiée à Paris chez A. du Brueil et intitulée *Rabelais Ressuscité. Recitant Les Faicts et comportements admirables, du tres-valeureux Grangosier, Roy de Place vuide.*

Cette édition, dont nous avons retrouvé un exemplaire sur les rayons de la Bibliothèque de la Cathédrale d'Exeter est restée inconnue des bibliographies et des catalogues de livres rares, qui ne mentionnent que celle de 1611 publiée à Rouen, chez Jean Petit, et celles de 1614 et de 1615 à Paris, chez A. du Brueil.

Qui était cet auteur, Nicolas Horry, ou, comme on le voit écrit souvent, Nicolas de Horry? Pourquoi voulait il, ce "clerc du lieu de Barges en Bassigny", ressusciter le maître quelque soixante ans après sa mort et dans une situation politique et religieuse bien différente de celle du temps de Rabelais? Il n'existe aucun renseignement sur ce "Thibaut Le Nattier" (pseudonyme employé par l'auteur dans l'édition de 1614) (18) qui insiste dans son titre sur les noms de Rabelais et de Grangosier. L'homme, ainsi que l'œuvre, ont été oubliés (19).

Ayant considéré l'héritage littéraire de Rabelais, examinons maintenant l'œuvre de Horry.

La page de titre ne tend aucunement à faire croire que Rabelais est
l'auteur du texte et le nom de N. Horry est donné clairement et sans
ambiguïté. Le reste du titre, cependant, est nettement rabelaisien.
Ce redoublement de noms et d'adjectifs, ('faicts' et 'comportements';
'admirables' et 'tres-valeureux'), et ce mélange d'idées fantastiques
et mythologiques, ('Roy de Place vuide' et 'Grangosier') semblent faire
écho aux "horribles et espoventables faictz et prouesses du tresrenomé
Pantagruel, Roy des Dipsodes". La 'Place vuide' nous rappelle l'Utopie
de Rabelais, mais c'est surtout le retour au sujet des géants folkloriques
qui caractérise le titre, et qui fait croire qu'on se trouve devant un
véritable conte rabelaisien. L'idée d'une traduction "de Grec en François"
accentue l'air de mystification, redoublant l'anticipation du lecteur (20),
et, toujours comme le fait Rabelais, Horry nous indique ensuite sa profession.
Le quatrain, tout en prétendant expliquer et éclairer l'existence et la
genèse de l'œuvre, a pour effet de l'éloigner de la réalité, de la priver de
toute prétention sérieuse. Selon l'idée qu'il s'agit d'une traduction, il
accroît le ton quelque peu burlesque, fantaisiste, et fictif de l'œuvre et
de ses prétendues origines. Mais en même temps ce quatrain veut établir un
rapport étroit entre l'œuvre et Rabelais, rapport qui n'est pas caractéristique
de la majorité des œuvres d'influence rabelaisienne. Le lecteur s'attend
à retrouver soit le style soit l'esprit de Rabelais.

L'œuvre proprement dite est précédée d'une "Epistre" - dont nous
parlerons plus tard - et d'un "Advertissement" quelque peu bouffon. Petite
facétie et légère satire des pédants, cet avertissement conviendrait mieux
à une œuvre comme les *Bigarrures* de Tabourot, ou à un épisode comme celui
où figure Janotus de Bragmardo, qu'à un simple conte de géants où il
importerait plus d'établir une ambiance de fantaisie et qui devrait exclure
une telle intrusion de la part de l'auteur. Cet avertissement remet donc
en question la vraie nature de l'œuvre, mais pour le style, c'est un
morceau plein de vie, animé et d'une concision heureuse. La juxtaposition
d'un raisonnement logique et d'explications burlesques et imaginatives, la
brièveté et la nature inattendue des comparaisons - qui sont en fait des
contrastes - produisent un étonnement agréable. Horry sait introduire, en
plus, le thème du vin, si cher au maître, sans interrompre le mouvement de
son explication, sans y ajouter des phrases lourdes et superflues, mais
tout simplement au moyen d'une proposition relative, presque incidentente
"laquelle il arrouse ..." Horry introduit donc, au moyen de ce petit jeu, un
ton facétieux, un air d'amusement, tout en maintenant l'importance du vin
et des jeux de mots. Le lecteur passe ainsi rafraîchi à l'œuvre, dans
un esprit qui n'est pas trop éloigné du pantagruélisme.

Structure

Divisée en 23 chapitres (21), l'œuvre, par sa structure de base et
par son équilibre interne, est incontestablement marquée par l'influence de
Rabelais. L'œuvre commence avant la naissance du héros, comme la plupart
des histoires basées sur les romans de chevalerie, et les quatre divisions
du conte reproduisent exactement celles du *Gargantua*. La première comprend
les circonstances relatives à la naissance du géant, la deuxième traite de
sa jeunesse, de sa taille, de son appétit, de ses tours et de ses exploits

jusqu'au jour où ses parents, se rendant compte de son intelligence
merveilleuse, décident de l'envoyer faire des études. La troisième
partie raconte cette éducation et traite de la vie du héros à Paris.
Dans les deux œuvres cette éducation est divisée en deux périodes, la
seconde étant la plus profitable. Et la quatrième partie décrit le retour
au royaume, la mise en pratique de l'enseignement qu'a reçu le héros, ses
prouesses sur le champ de bataille, son accession au trône et les
caractéristiques de son règne (22). Nous voyons donc que la structure
de cette œuvre est plus proche du *Gargantua* de Rabelais qu'aucune autre
œuvre que nous avons trouvée, et puisque Horry a souligné lui-même qu'il
s'agit d'un *Rabelais Ressuscité*, nous pouvons écarter la possibilité des
sources communes à ces deux auteurs, le rapport étroit étant manifestement
voulu.

Malgré ce plan très familier, cependant, le conte de Horry n'a ni le
ton, ni l'unité des épisodes qui caractérisent *Gargantua*. L'ambiance
familiale constitue une base à l'œuvre de Rabelais; la chaleur du feu de
Grandgousier est comme le thème - moral et narratif - du livre, et lorsque
Gargantua est éloigné de son pays natal, c'est son intelligence grandissante
qui fournit la force motrice et l'énergie du conte aux niveaux narratif,
moral, politique et philosophique. Ces éléments font défaut dans l'œuvre
de Horry; même lorsque les parents du géant s'occupent de ses vêtements,
son père se montre plus comme un Picrochole que comme un Grandgousier
rabelaisien. Le ton moral et l'ambiance des œuvres du maître sont
détruits. L'appétit - dans tous les sens possibles du mot - est un autre
élément qui unifie tous les épisodes de l'œuvre de Rabelais, mais là où
le maître accomplit une progression, nous montrant la victoire progressive
de l'appétit *naturel* sur l'appétit déréglé, Horry ne nous fait voir que
l'appétit déréglé, destructeur. C'est un paysage moral monotone où l'on
trouve non tant une progression intéressante qu'une accumulation fatigante,
paysans, parisiens, et enfin Grangosier lui-même tombant sous le coup de cet
appétit qui semble, chez Horry, signifier la *mort*.

La narration des deux premières parties, quel que soit son contenu
matériel, s'écoule sans interruption, tandis que l'allure du conte dans la
troisième partie est ralentie par l'épisode des crocheteurs - dont l'intérêt
a nécessairement diminué aujourd'hui - et le style est alourdi par la
domination du ton juridique. C'est dans la quatrième partie, cependant,
que la liaison entre les chapitres est la plus douteuse. Il s'agit, page
après page, de longues parodies de documents légaux; l'action, l'entrain
et le mouvement du conte sont presque nuls. Horry ne nous offre que
quelques coups d'œil arbitraires sur telle ou telle ordonnance passée par
Grangosier, jusqu'au moment où il fait mourir son héros, de peur, semble-t-il,
de ne trouver plus rien à dire à son sujet. C'est dans cette quatrième
partie, d'ailleurs, que Horry diffère le plus de Rabelais. Après la
défense du royaume, Rabelais semble hésiter devant une réponse qu'il n'arrive
pas à formuler dans sa totalité. *Pantagruel* perd la direction narrative
après la défaite de Loup Garou. Le conte devient plus surréaliste, le
problème de la colonisation reste vague et lointain, toute réponse étant idéale
ou très générale. Après la chute de Picrochole, la narration dans *Gargantua*
semble également perdre sa direction et son mouvement, en dépit de l'admirable
"contion que feist Gargantua es vaincus." Rabelais ne prétend pas avoir
résolu le problème du gouvernement et de la liberté, car il reste, après la
peinture de Thélème, l'avertissement lugubre de l' "Enigme en prophetie".

Horry, cependant, laisse Grangosier longtemps en scène après la déroute
des "Frantaupins". Il veut nous faire voir, quoique d'une façon peu
détaillée et peu complète, le comportement de son roi depuis sa succession
jusqu'à sa mort, mais, ce faisant, il alourdit l'histoire du géant et
détruit l'allure du récit.

Par sa structure de base donc, l'œuvre de Horry constitue une
exception dans l'héritage rabelaisien, un parallèle frappant avec *Gargantua*.
En plus, Horry reproduit la narration de Rabelais d'une façon assez précise:
il nous offre un conte de géants dont le héros s'appelle Grangosier, il
souligne l'importance de la nourriture et du vin, il se souvient de l'épisode
de l'église de Notre-Dame, des lettres échangées entre le père et le fils,
de la mort de Badebec suivie de ce mélange de gaieté et de tristesse, et
ainsi de suite.

Caractéristiques du Style

Puisque les contes de géants ne figurent que très rarement parmi les
œuvres d'inspiration rabelaisienne publiées à cette époque, on ne s'étonne
pas que le style qu'adopte Horry diffère beaucoup de celui des autres
imitateurs. Là où ceux-ci s'emparent librement des noms légendaires,
satiriques, allégoriques, burlesques ou métaphoriques qui abondent dans
l'œuvre rabelaisienne, Horry se contente de fabriquer ses propres noms à
la manière du maître, mais il insiste sur les nuances obscènes, dérisoires,
ou culinaires. A part quelques noms bien connus au seizième siècle -
Grangosier, Tribouillet, Ragot, Pierre de Coignet, les "Frantaupins" - les
noms propres du *Rabelais Ressuscité* font écho à ceux des deux premières
œuvres du maître, plutôt qu'à ceux des dernières œuvres, où ces nuances
sexuelles et culinaires font place à des noms plus allégoriques, et dont la
satire vise une institution précise et n'est pas simplement "plaisante".
On remarque aussi que les titres des chapitres rappellent les chroniques
gargantuesques plutôt que les allégories du *Quart Livre* – encore un trait assez
exceptionnel dans la littérature rabelaisienne de cette période.

Horry se plaît dès la dédicace à accumuler des désignations burlesques,
quelquefois dans un but satirique, ce qui rappelle les portraits rabelaisiens
des pédants et des hommes de loi, quelquefois d'une façon gratuite et
fantaisiste, ce qui rappelle l'Utopie de Rabelais, ou les contes homériques
comme *La Bataille Fantastique*. Mais notre auteur répète trop souvent les
mêmes idées, et ces descriptions monotones sont en plus si peu variées qu'on
trouve plusieurs personnages qui partagent le même titre. En outre, ces
titres burlesques ne sont accompagnés d'aucune description des personnages,
d'aucune caractérisation sauf de ce que nous dit le sens métaphorique ou
ridicule de ces noms. Les termes géographiques témoignent ce même soin
d'introduire l'élément fantastique et burlesque (voir les descriptions de Paris,
du pays de Veautuerie ...). Dans un conte qui veut ressembler aux contes de
géants, aux contes fantastiques, et où l'appétit joue un rôle évident, on ne
s'étonne pas de trouver des descriptions burlesques, souvent bachiques et
culinaires, et ce mélange de fantaisie et de réalité si cher à Rabelais.
L'œuvre est semée de phrases comme le "combat de dents", "les sacrifices de
Bacchus", ou "bien experimenté au faict et gouvernement des machoires".
Grangosier, né avec des dents, passe sa vie à bien manger et à bien boire,

ses proportions gigantesques rappelant les emprunts faits par Rabelais aux *Grandes Chroniques* et à la légende (voir, par exemple, p.14). * De telles similitudes entre Horry et Rabelais, ou plutôt entre ces deux auteurs et la légende, reviennent à chaque page; on pense au manteau et au chapeau du géant, aux pommes cuites avec lesquelles il détruit les murs de Paris, à son verre à boire, à l'épisode de Notre-Dame... En plus, pour maintenir l'atmosphère de fantaisie, Horry, comme Rabelais, se plaît à traiter les nombres et les dates d'une façon burlesque (pp.29, 31, 33 ...). L'humour est augmenté par l'inclusion de ces descriptions burlesques dans des documents légaux, et de temps en temps ce ton burlesque devient pour ainsi dire une description gratuite et qui renverse la réalité. C'est ainsi que Happebran, fâché que Grangosier ait tout mangé, "en mourust quinze ans apres", (p.30); que Trousseviande vit paisiblement avec sa femme "l'espace de cinq ans douze mois" (p.5), ou que Grangosier peut être "plus joyeux que s'il eust trouvé une espingle" (p.12). Le conte est semé d'idées semblables (pp.7, 10, 35 ...), mais on trouve aussi des descriptions plus développées et plus divertissantes. On peut citer l'assemblée des médecins (p.5), l'édit de Trousseviande (p.7), ou la description des mouches (p.7), qui rappelle le "Mardigras" du *Quart Livre* et les comparaisons absurdes et grotesques qui accompagnent le portrait de Quaresmeprenant. La mort de Grangosier et l'épisode où il avale deux baleines vivantes nous rappellent Bringuenarilles, avaleur de moulins à vent, et la manière dont Trousseviande reconnaît l'esprit de son fils - en considérant ses "exploicts des dents" - semble parodier à son tour l'admiration également mal fondée de Grandgousier devant les raisonnements de Gargantua (*Gargantua*, pp. 127-133).

Ce n'est pas seulement dans le domaine de la fantaisie cependant, que Horry reproduit les stratagèmes stylistiques du maître. Notons son souci - quoique bouffon - de la véracité de son conte (p.7), et le fait qu'il apparaît dans le texte à chaque occasion, devenant même partie intégrale de l'histoire, et n'oubliant pas de mentionner Barges, qui aurait pour lui le même attrait que Chinon pour Rabelais (pp. 11, 17, 29, 35, et surtout p.23, où l'on trouve une perspective bizarre qui constitue une sorte d'auto-parodie et défie toute chronologie linéaire). Et notons les nombreuses explications burlesques des phénomènes géographiques ou des institutions réelles: l'épisode du palais (p.26), le clocheteur au sommet de la Samaritaine, les murs de Paris (p.14), ou l'invention de Grangosier, mais digne d'un Gaster, pour punir les bœufs. La relation de faits véritables déguisés sous une forme romanesque est une méthode de composition en faveur à cette époque, mais chez Horry l'influence de Rabelais n'est pas difficile à discerner (23).

Les aspects de l'art de conter communs à Horry et à Rabelais abondent dans ce conte. L'anecdote de Foüilletrou - brève, gauloise, légère et amusante - ajoute de la vivacité au récit tout comme celle que raconte Panurge au sujet de Her Trippa (*Le Tiers Livre*, XXV, p.287). Le portrait de Grangosier, qui va à la bataille armé de noyaux de cerises, nous rappelle les prouesses des géants rabelaisiens, et on notera la ruse typiquement rabelaisienne par laquelle Horry introduit dans cet épisode la sexualité des femmes, sans aucunement interrompre le récit (p.26). La parodie burlesque des documents légaux, qui ne fait trop souvent que ralentir et alourdir le récit, atteint quelquefois un ton totalement absurde, presque surréaliste, et qui fait penser aux diatribes de Baisecul et de Humevesne (voir, par exemple, la page 35). Horry, comme Rabelais, a un penchant pour le dédoublement des mots et des

* Les références renvoient le lecteur aux pages du texte même du *Rabelais Ressuscité* de la présénte édition.

expressions ("bien autre et beaucoup differente", p.7, "gros et grand",
p.7...), et pour dire que son géant a faim, il accumule des proverbes
et des images pittoresques (p.9). Il favorise aussi des phrases
métaphoriques rabelaisiennes: Grangosier aime "laver ses trippes", et
remplir son "coffre sans serrure" de "provision avalatoire". Avouons,
cependant, que notre auteur n'a pas le don de créer l'humour linguistique.
Toute tentative d'exploiter l'assonance se borne à des phrases banales
comme: "arrosant ses yeux de larmes, et munissant sa langue d'allarmes"
(p.12), et Horry est obligé d'emprunter des calembours au maître ("Dieu
a fait les planettes ..." p.12, voir *Gargantua*, V, p.65). A part ses
nombreux mots à double sens, ses calembours sexuels, quelques phrases latines
et quelques titres burlesques à ajouter à Saint Victor (voir, par exemple,
p.32), les jeux verbaux dans ce texte ne dépassent guère la subtilité de
retouches comme: "il estoit plus indocte, je pensois dire docte" (p.14),
"tellement craint et redouté, je pensois dire radouté" (p.17), ou comme "le
plus fumeux, je pensois dire fameux college" (p.17).

Les nombreux rapports structuraux et stylistiques entre l'œuvre de
Rabelais et le *Rabelais Ressuscité* ne font pas de celui-ci un récit plus
facile à lire, ni plus amusant. Le don créateur et l'art de conter
rabelaisiens font défaut chez Horry. Les réminiscences stylistiques du
maître ne constituent pas la plus grande partie du texte, et le style de
Horry reste trop lourd et trop prémédité, trop recherché et trop étudié.
C'est un style qui sent l'effort, où l'allure naturelle et l'imagination
créatrice d'un Rabelais sont absentes. N'étant pas un conteur doué, Horry
cherche à nous amuser, il veut se montrer spirituel, il fait un effort
conscient et continu, mais il cherche trop, et il sélectionne les tournures
manifestement populaires et médiocres, mais manifestement transparentes.

La faillite stylistique du récit s'explique de trois façons. D'abord,
Horry explique trop, il insiste trop, comme si le lecteur ne s'était pas
rendu compte de l'humour d'un épisode ou d'un calembour. C'est ainsi qu'il
lui faut trois pages dans notre édition de 1611 pour nous expliquer le
subterfuge du géant (p.17), et qu'il répète deux fois de suite l'anecdote -
bien connue d'ailleurs, à cette époque - du sénateur romain. L'effet sur
le lecteur est celui d'avoir lu plusieurs fois la même anecdote, la même
ruse, et il en est de même pour les documents, dont les détails sont répétés
quatre fois, (voir, par exemple, pp.27-35). Deuxièmement, le style, même
sans toutes ces répétitions, est déjà trop lourd; les efforts pour rendre le
récit vivant et pour amuser le lecteur sont trop forcés. Même là où il ne
s'agit pas d'un contrat, le récit se lit comme un document officiel. La
description des tours du géant au collège, par exemple, contient une phrase
qui dure plus de quatre pages dans l'édition de 1611, le chapitre entier
(XIII) étant divisé seulement en six phrases, des phrases pleines de
subordonnées relatives et de conjonctions les plus recherchées (24). Au
moyen des contrats Horry s'efforce, semble-t-il, de créer un contraste entre
le style juridique, avec ses "dudict", ses "ledict", ses "audict", son ton
formel, hautain et complexe, et le contenu banal des documents, avec leurs
arguments fallacieux et absurdes, et leurs noms burlesques et obscènes.
L'idée est bonne mais la méthode lui fait défaut et le lecteur s'ennuie du
style tortueux, et de l'accumulation des désignations et des noms burlesques,
qui ne siéent aucunement d'ailleurs aux contes de géants (25).

Le style souffre, en outre, d'un troisième défaut majeur. Même lorsque

Horry introduit un calembour ou une idée brève et amusante, le lecteur
aperçoit son effort, la ruse est trop évidente pour réussir, et on finit
par rire non du conte mais de l'auteur.   Comment peut-on rire de la simple
substitution du mot "cabaret" pour "college" (p.14)?   Comment ne pas
s'ennuyer, enfin, des pays "qui sont situez dix lieues par dela" du monde,
ou de celui qui demande "delay de quinzaine apres la fin du monde"?   On est
gêné par les tentatives lamentables et transparentes d'introduire l'élément
fantastique.   L'idée d'un "Secretaire et Ambassadeur d'amour", comme bien
d'autres, revient deux fois dans le texte, et ne mérite pas un chapitre
entier (26).   L'introduction de l'élément de magie (p.15) révèle également
les insuffisances de Horry.   Non satisfait du manque de détails qu'il nous
fournit sur l'herbe mystérieuse, il oublie vite l'épisode lorsqu'ayant pu
ainsi décrire le repas qu'on mange dans la maison de Couppejarrets, il
décrit le "combat des dents" comme si Grangosier était toujours un géant
(p.15).   C'est la pire fantaisie, puisque tout en admettant que celle-ci
puisse renverser la réalité et détruire la logique, Horry ne réussit pas à
l'intégrer à son récit, qui perd donc une partie de son sens et de son
entrain.

La longueur des phrases enlève tout mouvement au récit, et renforce ce
ton juridique qui sied mal à une histoire de géant.   La longueur des chapitres
n'est pas justifiée par leur contenu, et l'expression en est également banale.
L'absence de tout souci de vraisemblance ou de réalisme indique que Horry
veut nous offrir un conte fantastique, mais l'art de conter lui fait défaut.
On se permet d'imaginer ce que seraient devenues la "pompe et magnificence"
des célébrations à la naissance du géant (p.7) sous la plume d'un Rabelais.
Toute description géographique se borne à quelques phrases provocantes, et
les personnages sont esquissés de la même manière.   Grangosier n'est pas
de la race des géants, et le lecteur ne peut pas l'intégrer dans l'illustre
mythologie de ceux-ci.   Son caractère ne relève ni de la dignité, ni de la
noblesse 'raciale' des géants, ni de la sympathie.   Il n'est question d'aucun
conflit intérieur, d'aucun intérêt psychologique ni de drame personnel.
Grangosier ressemble à Picrochole plutôt qu'au Grandgousier rabelaisien, et
ne provoque d'autre émotion que le dépit.   Ses proportions gigantesques ne
suffisent pas à maintenir notre intérêt, et l'invraisemblance voulue entraîne,
chez Horry, une véritable insouciance stylistique (27).   De plus, les
nombreuses interruptions de la part de l'auteur - procédé bref, amusant,
varié et facétieux chez Rabelais - ne contribuent en rien au caractère
vivant de la narration ni à l'argrément du lecteur, qui est ainsi trop
conscient de la présence du 'traducteur'.   Horry oublie que le lecteur
veut croire; il veut persuader là où il devrait divertir, et son souci de
reproduire les documents ralentit la narration encore plus.   Le conte et
les documents s'accordent mal, s'interrompant l'un l'autre, et détruisant la
fluidité du récit.

A première vue, l'absence dans ce texte des techniques satiriques et
linguistiques qui caractérisent les chefs-d'œuvre polémiques s'inscrivant
dans la tradition rabelaisienne, fait croire qu'il s'agit d'un simple conte de
géant, une œuvre dont le genre et le style seraient relativement exceptionnels
dans l'héritage du maître.   Une telle interprétation n'expliquerait pas,
cependant, tout le contenu du texte, tandis que la possibilité que l'œuvre
soit didactique, ou même un pamphlet propre, expliquerait son échec comme simple
conte gargantuesque.   D'ailleurs, même un simple pastiche rabelaisien comme la
Mythistoire, qui se présente comme un conte et dont l'auteur est considéré
comme "The boldest and crudest of these imitators" (28), n'est pas dépourvu de

matière didactique et satirique. Le *Rabelais Ressuscité* fait renaître
plusieurs idées importantes chez Rabelais. Non seulement reprend-il des
thèmes majeurs comme l'enseignement, la jurisprudence, le gouvernement ou
l'attitude envers les femmes, mais il utilise une variété d'épisodes
particuliers tirés du maître (29). Voyons si toutes ces réminiscences
ont une valeur en plus de leur rôle purement stylistique.

La sustantificque mouelle.

Horry ne nous fait jamais rire à gorge déployée. Il n'exploite pas
les épisodes purement comiques, esquissant rapidement les trois premières
parties du texte pour en consacrer la moitié à la partie la moins amusante,
où il souligne le comportement du géant en tant que roi. Au lieu des
tours d'un Panurge, il nous offre des documents légaux et des procès. S'il
veut nous offrir une œuvre didactique à la manière de Rabelais, l'art de
conter lui fait donc défaut. Mais que nous donne-t-il comme satire de la vie
contemporaine?

Manifestement, l'oeuvre n'est pas un pamphlet religieux. Le texte ne
contient ni polémique religieuse, ni même ces petites facéties si nombreuses
chez Rabelais. Dieu n'y figure pas; l'enseignement, le mariage, les
conseils de Trousseviande - ces épisodes n'ont rien de pieux, aucune
cérémonie religieuse n'est mentionnée dans le récit. Le vol de Notre-Dame,
le seul épisode se situant dans la tradition chrétienne, est d'ailleurs des
plus facétieux, la satire des Parisiens étant renforcée par le fait que ce
Saint Christophe ne pouvait pas nuire au géant, mais le protégerait bien
contre la mort. Par ailleurs, Horry situe son conte dans la tradition
païenne: c'est Jupiter que craignent les "Francstaupins" (p.26, souvenir de
la *Bataille Fantastique*); Grangosier est roi "par la permission Bacchanalle"
(p.37), et si Horry mentionne le Carême, c'est pour décrire les sacrifices
rendus au Dieu Bacchus (p.36). Les cibles traditionnelles de la satire
religieuse - messes, moines, Papimanes, hérétiques ou un Homenaz - ne sont pas
mentionnées; ni l'écriture sainte, d'autre part, ni le Dieu de Rabelais ou
des pamphlétaires n'entrent en jeu.

L'érudition médicale de Rabelais, ainsi que l'humour ou les débats
plus philosophiques qui en résultent, font défaut chez Horry, mais les
médecins n'échappent pas aux reproches d'avarice et d'incompétence. On
pense à la malhonnêteté et à l'avarice de Foüilletrou ("si le roy le vouloit
bien recompenser"), et aux diagnostics variés des médecins, (épisode où
Horry semble oublier qu'ils ne sont que trois, ce qui indique qu'il s'intéresse
plus à la satire qu'au récit simple). Si Horry se rappelle la longue période
de gestation de Gargamelle, (les "six mois" de Blanchefesse semblant mettre en
doute la grandeur de Grangosier), et la mort de Badebec ("... grande peine
et danger de mort", p.6), il ne se soucie pas de leur signification chez
Rabelais, ni à vrai dire de leur utilité pour son conte. La satire des
médecins si fréquente chez les imitateurs de Rabelais se borne ici à de
petites facéties innocentes et secondaires, dépourvues de toute émotion ou de
toute gravité, et introduites pour nous divertir sans trop interrompre le conte
(30).

Une société paisible, fondée sur le respect et l'amitié, où la famille
joue un rôle important, la dévotion filiale servant de guide à l'individu face

à la société: telle est la vision idéale chère à Rabelais que renverse
Horry. Trousseviande soucieux de l'enseignement de son fils, ce fils qui
retourne pour défendre et pour soulager son père "en sa vieillesse" (p.21),
la rencontre entre Grangosier et ses parents (pp. 9-10) - ces fades échos
ne nous trompent pas, la vision rabelaisienne est détruite. Dévotion
paternelle? Respect filial? Qu'on considère la lettre de Trousseviande,
faible parodie de celle de Gargantua, les sentiments exprimés dans la
réponse du fils, la joie de celui-ci à la mort de sa mère, son désir de
voir Trousseviande la suivre, et l'invention à propos du deuil (p.25, voir
nos remarques sur la *Mythistoire*). L'individu dans la société? On pense
au comportement de Grangosier, caractérisé par l'avarice, l'égoïsme, la
répression et la violence. La déconfiture des Parisiens, épisode amusant
chez Rabelais, ne l'est aucunement chez Horry, son géant détruisant les maisons
"avec coups de pieds" (p.14), et exigeant de l'argent des pauvres habitants
(p.17). A part la petite ironie dirigée contre Paris (p.14), l'image que
nous offre Horry de la société et de la famille semble parodier celles du
maître, et il faut remarquer qu'il reprend des épisodes rabelaisiens pour
en renverser l'esprit de base (31).

On peut dire que la femme chez Rabelais joue un double rôle - le rôle
humain et social qui lui est accordé dans les débats plus philosophiques du
Tiers Livre, ainsi que le rôle bouffon et dégradant puisé dans la bonne
tradition gauloise. Horry n'a manifestement saisi que cette dernière
attitude, plus populaire et plus divertissante, et qui, depuis *Les Cent
Nouvelles Nouvelles* jusqu'au *Moyen de Parvenir*, n'avait pas beaucoup évoluée
(32). Sexualité de la femme, impotence du mari, cocuage; voilà les idées
soulevées chez Horry, par la femme, qu'il dote de noms bien à propos.
Infailliblement adultère, elle est un être inférieur - sauf au "combat de la
couche" - et n'a pas de voix dans le récit. Les insinuations de Horry se
communiquent facilement, sans fatiguer le lecteur d'explications inutiles.
Notons Blanchefesse, "commune comme un puits", et franchement insatisfaite
des trois mois passés avec Foüilletrou (p.11), et Trousseviande, cocu et
ingénu par excellence, père de soixante trois enfants désavantagés, convaincu
de sa virilité et reconnaissant des efforts de Foüilletrou. Le problème
du cocuage, si important dans le *Tiers Livre*, n'est pas plus développé chez
Horry, cependant, que n'avaient été les thèmes du mariage - traité d'une
façon bouffonne et impertinente - ou des consultations médicales. La simple
gauloiserie étouffe le dilemme d'un Panurge. L'unique souci de Trousseviande,
c'est "d'avoir lignee"(33). Horry reprend ainsi ces thèmes traditionnels
dans un contexte royal - le seul trait qui distingue ses anecdotes gauloises de
celles parues au quinzième siècle. Si l'épisode du tombeau pour Blanchefesse
(p.6) veut parodier la joie de Gargantua (*Pantagruel*, ch.3), la véritable
nature du dilemme de celui-ci, qui tout en aimant sa femme, se soumet à la
volonté de Dieu, n'y figure point. Ce serait encore un simple emprunt au
maître exécuté - comme celui de la période de gestation - sans se soucier de la
signification de l'épisode original (34). Si Horry nous offre un long
développement sur le cocuage, satirisant l'homme non moins que la femme, et
qu'il mentionne l'illégalité des mariages clandestins (p.32), son texte ne
relève d'aucune interprétation sérieuse des idées du maître. La référence aux
mariages clandestins est accessoire, dépourvue de la gêne et de la gravité qui
accompagnent ce thème chez Rabelais. La femme apparaît chez Horry comme
simple divertissement; ce mélange de souvenirs rabelaisiens et de facéties
traditionnelles, et ces éléments gaulois qui rendent le conte plus vivant,
fournissent à la femme un rôle essentiellement stylisé (35).

Horry, suivant toujours son modèle, raille l'enseignement par son choix de noms - "Peudestudes", "Monsieur Indoctus", le "college d'Ignorance", "sire Torcheplat, maistre és Asnes" - et par le portrait de Grangosier, qui en moins de trois ans "pouvoit desia discerner un A, d'avec un B", accomplissement analogue à celui de Gargantua entre les mains de Holoferne et de Bridé. On peut voir ici une satire qui vise Grangosier autant que l'enseignement. N'oublions pas cependant que Gargantua était un enfant également peu cultivé avant d'étudier à Paris, mais la satire visait clairement l'incapacité de ses pédagogues. D'ailleurs, Horry souligne plusieurs aspects satirisés par Rabelais, comme les nombreuses interprétations d'une seule phrase prise dans les textes anciens, ou les folles disputes des étymologistes pédants (pp.13-14). Le titre du chapitre XI souligne, en plus, le parallèle avec *Gargantua*. Horry reprend donc quelques critiques rabelaisiennes des pédants et des abus de l'enseignement, mais la satire reste très indirecte, et ne semble être qu'un élément accessoire du conte. S'il mentionne la violence des maîtres et la manière de tout apprendre par cœur, c'est pour nous montrer l'esprit malin de son géant (pp.17-18), et si le comportement de Grangosier durant le reste de sa vie reflète la qualité de cet enseignement, il reflète également le caractère intransigeant du géant. En plus, les éléments constructifs et les personnages admirables que nous propose Rabelais sont absents. Grangosier est aussi ridicule que ses précepteurs; son caractère ne change en rien, la qualité des précepteurs dans les deux universités non plus. Aucune des qualités admirables de la satire rabelaisienne, aucune réforme constructive dans ce texte, rien que l'incapacité des pédagogues à remédier à la sottise du géant, et quelques facéties pour donner plus de vie au récit (36). Et vu, d'ailleurs, la valeur presque exclusivement stylistique de ces critiques, on peut regretter l'absence de ces caricatures rabelaisiennes dont bon nombre d'imitateurs ont vu la valeur. Un Janotus, un Limousin, ou un développement analogue à celui de Saint Victor auraient animé le conte; Rabelais voyait bien qu'une certaine sympathie envers ceux qu'on raille est un des secrets de la meilleure satire, et ses personnages n'ont pas sombré dans l'oubli. Horry semble ignorer cette règle - aux dépens de son conte et de sa valeur satirique.

On peut en dire de même en ce qui concerne les parodies du pédantisme des hommes de loi, avec leurs documents tortueux et incompréhensibles. L'érudition piquante de Rabelais, le portrait sympathique et animé d'un Bridoye, avec son intérêt psychologique, ses vérités de base et sa direction morale définitive, les dons de création linguistique, allégorique et imaginative dont témoignent les épisodes plus développés d'un Thaumaste, des "Chatz fourrez" ou de Baisecul et de Humevesne, tous ces éléments constructifs font défaut chez Horry, ainsi qu'une indication positive de la direction de sa pensée. Ses parodies, par conséquent, sont aussi ennuyeuses que les véritables documents qu'il parodie. Horry se veut un écrivain spirituel et divertissant. Il accumule ses facéties: "licentié en l'ignorance des loix" (p.22), "toutes les formes de droict deffectueux" (p.31), "Signé inexpert Advocat", "Fretillon Hochequeuë Serreargent desloyal, exploictant des dents par tous les royaumes ou il trouve dequoi" (p.32), "le tout diligemment consideré sans y avoir pensé" (p.34). Attaque virulente contre les hommes de loi? Rappels de Bridoye ou des "Chatz fourrez" (il s'agit d'une "Cour des chats" à la page 34)? Ce serait donner à ces allusions plus d'importance qu'elles ne méritent. Si elles rappellent les critiques de Rabelais, elles constituent aussi des exemples de ces tours stylistiques burlesques que Horry

s'efforce de reproduire, de petites facéties impersonnelles, dépourvues
de couleur et d'animation, dont la répétition diminue l'efficacité, et
dont la qualité ne justifie ni le nombre ni la longueur des documents où
on les trouve. Il n'y a aucune "mouelle" soutenue, d'ailleurs, dans ces
documents. Les non-sens ironiques et absurdes y abondent ("... contracter
mariage sans espouser une fille ou femme", "perdre la vie quand il mourra",
"banni pour toute sa vie du Royaume Plutonicque", p.34), l'absurdité et
la longueur du procès entre Grangosier et Estouffepasté rappelant l'épisode
de Baisecul. La raillerie des formalités (cette "queuë de Rat", p.29) et
les nombreux latinismes (p.32) rappellent les justifications burlesques de
Bridoye et les titres burlesques de Rabelais, et les procès advenus dans
l'épisode des crocheteurs ne nous trompent pas non plus, en dépit du ton
juridique. Si la Samaritaine est assurée de ses droits (p.24), c'est
néanmoins la personnification et l'allégorie burlesque qui intéressent
Horry.

Quoique l'œuvre reproduise, donc, plusieurs des thèmes principaux
des critiques de Rabelais, ainsi que bon nombre de détails de cette satire,
son contenu didactique ne justifie pas l'existence du texte, ni n'explique
les intentions de notre auteur. Il reste, cependant, la question du
gouvernement et de la politique, thème aussi important chez Rabelais que
chez les pamphlétaires.

Les "haines d'un ancien ligueur".

Au moyen de son choix d'adjectifs incorporés au titre, et du contenu de
l'épître, Horry nous promet un Grangosier qui surpassera en vertu même celui
de Rabelais. Il nous donne un personnage encore plus méprisable que
Picrochole. Il ne nous présente aucun roi digne de ce nom. Considérons
Trousseviande, ce cocu impotent et naïf, roi aux aspirations banales, se
souciant uniquement de la vaillance de son fils au "combat des dents", roi
qui donne à manger aux bêtes mais non au peuple, et dont les édits sont
très peu magnanimes. Les prouesses même des "plus grands seigneurs de sa
Cour" ne dépassent pas "la deffaicte des poulx". Et que penser de la
sexualité de la reine Blanchefesse, ou de l'illégitimité de Grangosier, qui,
du fait, est un usurpateur? Brunet n'en dit rien, il n'offre aucun commentaire
sur le texte, mais il veut quand-même que l'œuvre soit "une dernière
expression des haines d'un ancien ligueur" contre Henri IV (p.VII). Or, on
sait bien le nombre de pamphlets politiques s'inscrivant dans la tradition
rabelaisienne, et on note que Jean Petit et Anthoine du Brueil, qui publient
notre œuvre à l'époque, servaient tous deux la ligue. Le *Discours
véritable des derniers propos qu'a tenus Henry*, *Le tyrannicide ou mort du
tyran*, *L'ermitage préparé pour Henry de Valois*, *L'ajournement fait à Henry
de Valois*: ces pamphlets, tous parus en 1589 chez Du Brueil, (à Paris),
prouvent bien l'activité fébrile de ses presses.

Grangosier est obligé d'aller coucher dans les champs (p.7). L'idée
ne vient pas de Rabelais, et pourrait faire allusion à Henry IV qui, ne
pouvant pas pénétrer dans Paris, était contraint de camper dans les provinces.
Lorsque Horry lui conseille d'aller en Champagne (p.8), le lecteur se
rappelera que la noblesse champenoise ne tarda pas à soutenir Henri (37). Ou
serait-ce encore un exemple innocent de l'introduction du pays de Horry dans
le texte? Grangosier gâche les terres du pays et l'appauvrit - est-ce une

critique générale des abus monarchiques, ou une allusion spécifique aux
batailles dévastatrices menées par Henri? Mais notre géant a moins de
trois ans, et il n'est pas encore en France. Or, bien que les récits des
pamphlets se situent parfois dans des pays lointains ou imaginaires, et
soient souvent allégoriques, on s'étonne que Horry, s'il vise Henri IV,
ne situe pas ces épisodes en France, puisqu'il nous y renvoie un peu plus
tard dans le conte. Le début de ce chapitre (IV) est consacré, d'ailleurs,
aux mystifications typiques des contes burlesques et facétieux, mais non
des pamphlets. Toute interprétation reste donc ambiguë. Alléguons le
fait que Grangosier n'est pas encore roi. L'interprète ligueur répondrait
que Henri ne l'était pas non plus, avant d'abjurer le protestantisme, mais
qu'il n'hésitait pas à oppresser la population.

Le parallèlisme entre l'interprétation ligueuse de la vie de Henri
et le texte de Horry est frappant. La violence du géant, et son illégitimité
qui l'empêche d'accéder au trône, représenteraient les guerres de Henri, que
les ligueurs ne reconnaissent pas pour roi parce qu'il est 'hérétique'. Le
géant devient roi et les violences cessent; c'est l'abjuration de Henri,
reconnu alors pour roi, et la fin des guerres civiles. Grangosier cependant,
entrait dans Paris longtemps avant d'être roi - ce serait un simple moyen
de démontrer les souffrances des Parisiens lors du siège de la ville. C'est
une hypothèse intéressante, mais rappelons que la structure de cette œuvre
est aussi redevable à celle de *Gargantua*. Jusqu'à quel point, donc, peut-
on considérer cette œuvre comme un pamphlet? La simple inspiration
rabelaisienne se mêle à une adaptation plus didactique de la matière
rabelaisienne, et cette intention didactique semble prendre souvent la forme
plus piquante, plus insistante et plus obsessive du pamphlet. Cette double-
inspiration, rabelaisienne-ligueuse, qui caractérise notre texte, lui donne
une ambiguïté inépuisable (38).

Le massacre et ce cannibalisme du chapitre V font penser au siège de
Paris, où les habitants étaient réduits à se nourrir de la chair des morts,
mais rappellent également le massacre des Andouilles, semé de sous-entendus
culinaires. Si, au chapitre suivant Grangosier se rend compte de sa "grande
voracité", et que "tout le bien du monde ne luy pourroit suffire", cet épisode
de la "mer douce" est néanmoins des plus fantaisistes, et remonte directement
à Rabelais - à moins qu'on ne veuille y voir une critique subtile des guerres
d'usure. Le tour joué aux dépens de Grippevesse (ch.IX) souligne l'égoïsme
du géant - ou est-ce un simple tour 'panurgien' ou encore un "sacrifice"
offert à la puissance bachique? Les violences commises envers les Parisiens
et la crainte de ceux-ci (pp.14-17), le vol de Notre-Dame, les privilèges
et l'argent exigés du peuple, la famine, le massacre et la soumission finale
du peuple, tous ces détails témoignent de cette double-inspiration ligueuse
(Paris assiégé par Henri) et rabelaisienne (l'arrivée de Gargantua dans Paris,
les remarques de Panurge sur les murs de la cité...).

Ce vol de Notre-Dame, acte de rapacité prémédité (Grangosier veut
"s'acquerir du renom", p.21), et suivi d'une vengeance rapide, serait donc
encore une *adaptation* (39) de l'épisode rabelaisien, ce "sacrilege" (p.22)
pouvant représenter l'abjuration discutée de Henri, ou sa période "hérétique"
d'avant cette abjuration. Cette "assemblee generalle" (p.23) convoquée pour
empêcher les futurs desseins du géant rappelerait donc les Etats Généraux de
la Ligue, dont le but était d'empêcher Henri de devenir roi et d'écarter la
possibilité de la domination huguenote. L'image de Saint Christophe servirait

de protection contre le géant, "lequel pourroit encores avoir ce mauvais dessein empreint dans l'ame" (p.23). Henri avait été hérétique jusqu'à l'abjuration; après celle-ci il serait donc "ressuscité" (p.23, le géant a été contraint de remettre l'église en place), mais il importe de le surveiller pour empêcher un retour au protestantisme, "ce mauvais dessein empreint dans l'ame". Allégorie subtile, mais l'établissement du crocheteur au-dessus de la Samaritaine, qui vise aussi Concini, pourrait rappeler alternativement les efforts des Parisiens pour empêcher l'entrée de Henri dans Paris. Il doit se contenter de "humer le vent, et se rassasieroit de la seulle veuë et contemplation de la marchandise des fruictieres et harangeres qui seroient devant luy" (p.23-24). N'oublions pas, d'ailleurs, la "dame Quinte Essence" de Rabelais, qui guérissait les malades grâce à des chansons et qui mangeait ses aliments sans y toucher (40).

Trousseviande, comme Henri III, meurt sans laisser de fils légitime, et Grangosier est obligé, comme Henri IV, de conquérir le trône (41). La bataille burlesque contre les "Franctaupins" rappelle les prouesses des géants rabelaisiens, mais on note les thèmes du siège et de l'avarice, et le caractère du roi Happebran. La promesse que fait Grangosier "pour le regard des enfans masles ......si aucuns en proviennent pendant la virginité de ladite Dame Duchesse"(p.28), rappelle celle de Henri IV envers mademoiselle d'Entragues (42), et tout cet épisode pourrait faire allusion aux tensions entre le roi et ses deux femmes d'une part, et deux de ses maîtresses les plus connues d'autre part (d'Entragues et d'Estrées).

Le règne de Grangosier ne manque pas non plus d'ambiguïté. Comme Picrochole, il aurait pu être 'Empereur de tout le monde" (p.36), mais il préfère gouverner son peuple en paix, et "ne fust point ambitieux de s'acquerir par armes plusieurs Royaumes"(43). Fort louable, mais regardons ses "belles ordonnances" avec leurs réminiscences fades du procès de Baisecul et de Humevesne, de la naïveté d'un Bridoye, de l'état dégénéré comme celui qui est peint dans *l'île des Hermaphrodites*, et des institutions facétieuses créées par Pasquier dans ses *Ordonnances Generalles D'Amour*. On y voit l'oppression, l'égoïsme, l'avarice; on y décèle en plus des allusions aux mesures prises par Henri IV pour assainir Paris (44), et aux nombreux impôts imposés au peuple (45). Le chapitre "21" d'ailleurs ne nous trompe pas: aucune allusion vague à la répression royale telle qu'on la trouve chez Rabelais, mais une attaque des plus **claires** contre deux des aspects les plus critiqués de la politique domestique de Henri IV - la gabelle et les deux édits sur la chasse (46). Horry reproduit les critiques contemporaines: le géant a défendu la chasse par gourmandise, (l'édit de Henri réservait la chasse au roi, aux princes et à la noblesse, d'où la controverse), et la défense est faite "sur peine d'estre punis de mort..." (p.41; les punitions spécifiées par l'édit de Henri étaient particulièrement sévères, c'était le deuxième point de la controverse). Dans ce chapitre d'ailleurs, l'empressement de Horry à critiquer Henri plus ouvertement lui fait oublier les détails du récit, et son géant établit "plusieurs porteurs d'eau... mesme à Paris". Horry insiste que ces "tailles et gabelles" concernent les sujets du géant, qui n'est pas cependant roi de France. Grangosier enfin, risque trop, en voulant "gager... à peine de perdre sa couronne" (p.42), mais si Horry se venge de ses excès, il ne nie pas la popularité de ce "si grand Roy". Est-ce là l'attitude d'un ancien ligueur, déçu dans ses espoirs, face à la popularité d'un roi que la Ligue avait essayé en vain de représenter

comme un tyran? La possibilité en est soulignée par ce "Robinus Mendax",
au nom tout à fait ironique, qui maintient que le carême reflète le
regret du peuple. Cette mort 'soudaine' (comme celle de Henri) ainsi que
les excès culinaires de l'épisode sont dignes de Rabelais, et ce ton
juridique ressuscité à la fin du conte n'en diminue ni le ton facétieux,
ni l'ambiguïté, mais comment douter enfin de l'identité française de ce
roi qui fut tant regretté, et "speciallement par les François"?

Manifestement notre auteur ne réalise pas cette intégration
heureuse - transposition stylistique (et surtout linguistique) et utilisation
satirique ou polémique - qui caractérise les chefs-d'œuvre de l'héritage
rabelaisien. Horry a tenté, semble-t-il, d'intégrer des aspects satiriques
et polémiques dans un récit rabelaisien, mais dans un récit qui emprunte au
maître la structure plutôt que le style du conte de géant. Or, c'est à cette
dette narrative qu'est due l'ambiguïté du texte. Ceci relève des aspects
d'un pamphlet, d'une satire politico-sociale, et d'un simple conte bouffon,
mais le problème ne consiste pas seulement à choisir parmi lequel de ces
genres il faut ranger notre texte, car presque tous ces éléments - narratifs
et polémiques - se trouvaient déjà chez Rabelais. Cette confusion d'éléments
résulterait donc non de quelque intention foncièrement polémique, mais du
simple processus d'imitation, d'une véritable tentative, quoique mal habile,
de ressusciter le maître.

Horry ressuscite-t-il Rabelais ou puise-t-il au contraire son inspiration
dans une œuvre imitatrice comme celle de G. des Autelz? La *Mythistoire
Barragouyne de Fanfreluche et Gaudichon* est remarquable par ses emprunts à
Rabelais, emprunts que la taille de cette étude ne nous permet pas d'analyser
ici. La dette de Horry envers la *Mythistoire*, cependant, est encore plus
remarquable. Presque tous les éléments qui unissent le *Rabelais Ressuscité*
à l'œuvre de Rabelais, se trouvent déjà dans la *Mythistoire*, ce qui pourrait
faire croire que c'est à cette œuvre plutôt qu'à l'œuvre du maître que
remonte l'inspiration 'rabelaisienne' de Horry. Nous avons, en outre, la
preuve que Horry connaissait la *Mythistoire*, car il en emprunte cette œuvre,
outre les éléments que celle-ci avait déjà pris au maître, des tours
'rabelaisiens' qui sont néanmoins la création de l'auteur de la *Mythistoire*.

On note d'abord dans la *Mythistoire* ces mêmes mystifications qu'on
trouve chez Rabelais et chez Horry. Cette histoire à lire "apres que
vous serez las de lire les Rabelairies de Pantagruel" (A4)(47), vient d'être
exhumée; l'auteur ne veut rien écrire "qui ne soit vray" (A2v°); il
s'indigne contre les auteurs "menteurs", et nous assure qu'il est "le premier"
qui raconte "les faits memorables des Barragoins" (A4). Autant d'éléments
communs à l'époque, mais l'auteur suit de près les prologues de *Pantagruel*
et de *Gargantua*, et son "avertissement" commence ainsi: "Notez que pour
sçavoir et trouver le nom de l'Autheur..."(A1v°). On remarque que celui
de Horry reprend cette idée, presque mot pour mot.

Le récit suit en gros le schéma des deux premières œuvres rabelaisiennes:
généalogie, naissance, jeunesse, mort du père, voyage et études à Paris, et
départ pour l'université - université de "Peu d'estude" d'ailleurs. Le deuil
que porte Fanfreluche - "j'avoye mon grand couvrechef abbaissé sur mes yeux

de peur que les gens ne me veissent rire" (p.6) - raconté en deux lignes,
se retrouve chez Horry, qui prend deux pages (dans l'édition de 1611) pour
expliquer la même ruse (voir p.25). Bietrix, mère de Fanfreluche, va "chez
le Vicaire, selon la coustume du pays, apprendre la manière de faire les
enfans" (p.6), ce qui rappelle l'épisode de Foüilletrou, et on note aussi
cette même sexualité des femmes (ch.II), ce ton obscène, ces prouesses
bachiques (ch.III) et la violence et la grossièreté de Fanfreluche. Le
quatrième chapitre - "Comment le mariage... fut accomply en grand difficulté,
et de la disputation sur ce" - est emprunté et développé par Horry.
Gaudichon est le fils de "Happebran", et il subit à Paris, d'ailleurs, le
même sort que notre Grangosier (et, bien sûr, que le Gargantua de Rabelais):
"en moins de dix ans, il sçeut tous les Fesse-culs de Grammaire, les Abuse-
grues de Rethorique... ainsi que magistralement elles sont enseignees à
Paris..." (p.46). A la manière de Grangosier, il écrit à son père "tout le
tu autem". Gaudichon, ayant quitté Paris, passe par le Mont Parnasse où
habitent les Muses, avant d'arriver à "Peu d'estude" (qui serait près de Lyon).
La description de Horry à la page 14 semble s'inspirer de cette géographie
mi-réelle, mi-fantaisiste: "... une belle ville, nommée Paris, située au
monde, proche le mont de Parnasse, ou il avoit ouy dire que les Muses
habitoient...". On note d'ailleurs que Paris signifie "le monde" aussi
dans la *Mythistoire*, on demande à Gaudichon s'il vient du monde avant son
arrivée au mont. Le chapitre 15 explique "Comme Gaudichon est en disputation
publique des abbreviations legales...", et cette technique rabelaisienne qui
satirise la jurisprudence en se servant de ses propres termes est une
technique dont Horry abuse. Comme le font les médecins ("vrais bailleurs
de paraboles", p.49), il s'agit d'employer des termes incompréhensibles pour
déguiser l'ignorance, et, toujours comme Horry, l'auteur satirise la
solennité et les accoutrements des Docteurs, sans en oublier l'avarice, (le
Docteur qui n'est pas payé "perdroit sens, memoire, et entendement", p.89).
L'auteur s'attache aux œuvres de Rabelais à un tel degré qu'il oublie
quelquefois que ses personnages ne sont pas des géants, leur attribuant
des qualités ou des tours de force gigantesques. Horry témoigne d'une ineptie
analogue dans l'épisode de Couppejarrets.

Nous trouvons aussi "le territoire de la Creuse" (p.4; "la Duchesse de
Mottecreuse" apparaît chez Horry), "Rifflandoüille" (p.94), "Tirebroche",
"Songe-creux", Ragot, le "Roy des Singes", "Croquelardie", et le pays de
"Rusterie", dont on trouve l'écho dans le pays de Veautuerie de Horry.
Nous trouvons ce même mélange de noms réels et fantaisistes, cette même
introduction d'événements réels dans le texte, ces mêmes procès facétieux
et ces précisions bouffonnes. On oppose le mariage de Bietrix parce qu'elle
"ne eust sçeu avoir plus de sept ans, quatre mois six jours, dix heures et
demie, et peut estre quelques huict minutes, et un quart" (p.16). Notons
aussi cette naïveté voulue, aspect de l'humour trop cher à Horry. Après une
liste alphabétique de jurons qui se termine à la lettre 'p', l'auteur ajoute
l'explication superflue: "Et vouloit tousjours poursuyvre selon l'ordre de
l'alphabet..." (p.23); et il nous avertit que "le bruit est une chose qui
bruit"(p.7).

Hercule, ayant "le gosier alteré" (p.13) donne permission au peuple
de boire le vin, ce qui nous rappelle les ordonnances de Grangosier. Notons
aussi l'usage du faux lapsus, si fréquent chez Horry (*Mythistoire*, p.20:
"... de naqueter (je pensoye dire d'enquester)"); Bietrix qui "en mourut de

regret bien huit ou neuf ans apres" (p.39; "en mourust quinze ans apres"
chez Horry, p.30), Trigory et Bietrix qui sont mariés "paisiblement...
l'espace de quinze jours", avant de se repentir (p.22; voir Horry, p.31);
et la description qui commence: "un beau gros chappeau de feurre tout
neuf, ou autant vaut, car il n'y avoit que dix ans qu'on commençoit à le
porter..." (p.14; et chez Horry: "un beau chappeau tout neuf, ou peu s'en
faut, n'ayant esté porté seullement que dix huict ans ou environ...", p.28).
La fin du chapitre 16 chez des Autelz - "je le vous quitte, tire tout, vous
avez gaigné" (p.91) - rappelle aussi la fin de notre texte.

Notre texte relève donc, en plus des procédés rabelaisiens, des aspects
narratifs, stylistiques et comiques, qui se trouvent dans la *Mythistoire*.
Ayant établi ce rapport, et ayant vu que beaucoup d'aspects rabelaisiens
dans notre texte avaient été déjà empruntés par la *Mythistoire*, on peut
se permettre de croire qu'une bonne partie du caractère rabelaisien du
Rabelais Ressuscité remonte non pas directement à Rabelais, mais à la
Mythistoire. Horry nous offre, d'ailleurs, très peu de matière
'rabelaisienne' qui ne se trouve pas déjà dans ce texte. S'il est
vrai que celui-ci constitue la principale source rabelaisienne de notre
auteur on peut le regretter pour deux raisons. D'abord, on sait que les
jugements sur la *Mythistoire* sont des plus défavorables. Depuis le temps
où Pasquier décrivit Noël du Fail et l'auteur de ce texte comme "deux singes"
de Rabelais, l'œuvre a trouvé peu d'admirateurs. Deuxièmement, Horry
laisse ce qu'il y a de meilleur chez le maître, pour prendre à la *Mythistoire*
les aspects du texte qui sont généralement reconnus pour être les moins
heureux, c'est-à-dire le pastiche de Rabelais:

"Autant d'épisodes repris à Rabelais, dont notre facétie se contente
de borner les dimensions, leur faisant perdre en somme l'ampleur et la verve
qui en faisaient tout l'intérêt... Il a lu Rabelais,... mais chez lui les
procédés étouffent le rire"(48).

Françon conclut aussi que les chapitres rabelaisiens sont les moins
intéressants; la grossièreté et la bouffonnerie sont "insipides et fatigantes",
les citations et les renvois à des textes pour railler les légistes sont
vite fastidieux, et ce n'est pas, non plus, "le pastiche du style de Rabelais...
qui nous retient" (*Mythistoire*, ouv. cité, pp.XLVIII-XLIX). Ce sont donc
justement les aspects empruntés par Horry qui ont soulevé les critiques les
plus sévères dont a souffert la *Mythistoire*, et ces jugements, par conséquent,
s'appliqueraient également au caractère rabelaisien de notre texte.

Il reste encore un problème, cependant: Horry se serait-il plutôt inspiré
des chroniques 'gargantuines'? Rabelais avait puisé dans ces légendes non
seulement bon nombre de ses effets de style - précision bouffonne, gauloiserie,
énumération, répétition - mais aussi presque tous les éléments essentiels
de son conte reproduits en quelque sorte ou adaptés par Horry : le géant
Grandgousier, le vol des cloches de Notre-Dame, la nativité merveilleuse, la
mort de Badebec et le deuil ambigu que porte son mari, le départ au "pays
des fées", l'enfance de Pantagruel et les vêtements de Gargantua, la jument,
les combats, l'appétit et la force des géants... Horry écarte, il est vrai,
plusieurs épisodes communs à Rabelais et aux chroniques - la maladie et la
guérison singulière de Pantagruel, le combat des deux géants, les harangues
des Ambassadeurs - mais son conte suit souvent les chroniques plutôt que
l'œuvre du maître, et il est possible que ce soit là l'explication des

différences entre son géant et les géants rabelaisiens, différences qui semblaient faire de l'œuvre de Horry un texte polémique.

Dans les *Croniques Admirables* (49), Gargantua va coucher dans les champs et y mange les brebis (pp.18-19). Grantgosier jure qu'il mangera toutes les vaches du pays (p.21) et vole l'horloge de Rennes pour se venger des Bretons (ch.XI). Ceux-ci marchent contre Gargantua, qui se plaît à leur jeter des pierres, et après avoir volé les cloches de Notre-Dame, Gargantua les rapporte seulement en échange de "sept cens beufz et cinq cens moutons pour le disgner" (p.27). Gargantua est récompensé de ses prouesses militaires, par le droit de porter la livrée du roi, et il épouse la fille d'un roi (ch.19). Son attitude reflète souvent celle de notre géant: "...il trouva beaucoup de menu peuple, dont il ne tint pas fort grant compte et les laissa tous courir en leur ville..." (p.70). Le peuple veut aller tuer le géant pendant qu'il dort dans les champs; Gargantua boit toute l'eau de la rivière (p.75); il défonce les murs de Rome lorsque les habitants ne veulent pas le laisser entrer (p.86), et son habitude de manger toutes les bêtes du pays est mal accueillie. Alléguons aussi la crainte des géants de ne pas trouver de quoi manger, et le "Prologue" qui insiste sur la véracité de ce récit traduit "de grec en latin et de latin en bon francoys" (p.3). Horry, d'ailleurs, n'a aucune des subtilités stylistiques rabelaisiennes, mais son récit témoigne de cette simplicité élémentaire et facile qui caractérise les *Croniques*. A-t-il réellement "ressuscité" Rabelais - ou simplement adapté la légende? Lorsque le comportement de Grangosier, s'éloignant de celui des géants rabelaisiens, semble constituer une critique sérieuse ou une attaque contre Henri IV, s'agirait-il de simples emprunts aux *Croniques*? Nous préférons dire que le texte de Horry *inclut* ces réminiscences. S'il s'attache quelquefois aux *Croniques* plutôt qu'à Rabelais, c'est que la légende lui fournit une analogie plus pertinente avec Henri; la polémique n'en devient pas moins voulue. Horry écarte, d'ailleurs, tous les éléments populaires des *Croniques*, tels les batailles des géants ou l'enchanteur Merlin; les endroits où il suit étroitement la légende, lorsqu'elle diffère du récit rabelaisien, sont peu nombreux, et le caractère de son Grangosier n'est aucunement, en fin de compte, celui du géant des *Croniques*.

C'est à Rabelais, enfin, que Horry fait appel, et s'il faut conclure, on peut alléguer qu'il fait partie de ce "grand public" dont parle M. Françon lorsqu'il considère le retentissement de l'œuvre du maître:

"De toute cette œuvre riche, complexe, touffue, qu'a-t-on retenu? Le grand public ne connaît guère que les géants gros mangeurs et grands buveurs, les anecdotes de la jument énorme, du rapt des cloches de Notre-Dame (et tous ces éléments appartiennent à la légende ou aux rédactions qui nous l'ont transmise)"(50).

Conclusion.

Nous avons examiné le *Rabelais Ressuscité* sous divers aspects. Nous avons vu les défauts de ce style peu animé, qui étouffe le rire, qui imite sans savoir sélectionner, et nous avons vu l'absence de l'art de conter, les défauts structurels, cette incapacité, chez Horry, de présenter son sujet

d'une façon enlevée, divertissante et cohérente, et cette absence de couleur
et de drame (51). Ayant établi l'échec du texte en tant que conte, nous en
avons examiné la valeur didactique: là également nous nous heurtons à un
échec. Les éléments didactiques reflètent tous un esprit négatif, les
sujets et leur traitement sont des plus rebattus (52) et nous retrouvons
les mêmes défauts que dans le récit lui-même. Il nous a donc fallu
chercher la justification de l'œuvre dans le domaine des pamphlets,
hypothèse qui a porté quelque fruit. Cette fois cependant, l'empressement,
l'ardeur, le dépit, et cet esprit négatif qui enlèvent toute sympathie aux
portraits satiriques, et diminuent tant la valeur des critiques plus
générales, sont trop *tempérés* et contenus pour constituer un véritable
pamphlet. On ne trouve qu'illogismes, ambiguïtés, et inconséquence
chronologique, et si la fin de l'œuvre comprend des allusions plus claires,
celles-ci représenteraient plutôt une pensée de dernière heure qu'une
allégorie préméditée. C'est moins le contenu proprement dit de ces
allusions, d'ailleurs, que la date de publication du texte, qui leur
donnerait une signification particulière. D'après notre analyse, il faudrait
donc conclure que ce petit ouvrage est un simple conte facétieux et didactique,
une suite de réminiscences et de critiques générales exprimée au moyen d'un
récit "gargantuin", et où l'auteur ne veut pas qu'on accorde plus d'importance
à la polémique qu'au conte. Se demander alors s'il s'agit d'un conte qui
comprend quelques critiques, plutôt que d'une satire politico-sociale
présentée sous forme de conte, serait mal poser la question. L'œuvre serait
une création facétieuse, où se trouvent des critiques et de la satire, des
haines plus spécifiques contre un roi qui vient de mourir, des allusions
légères et agréables aux événements contemporains et aux aspects populaires
de la vie parisienne, et le tout inséré dans un conte dont le succès, aux
yeux de son auteur, est assuré, un genre dont Rabelais avait prouvé, ou
provoqué, la popularité.

Supposons donc que Horry vise une telle réalisation, une œuvre
qui puisse se traduire à divers niveaux. Ce serait là du vrai Rabelais.
Horry, d'ailleurs, n'hésite pas à signaler le rapport (53): on ne pourrait
pas douter du succès d'un tel livre. Mais le *Rabelais Ressuscité*, en dépit
de la confiance de ses imprimeurs dans la renommée de Rabelais, n'a pas eu
davantage de succès en 1611 qu'aux siècles suivants. Son échec aujourd'hui
s'explique par les défauts littéraires que nous avons signalés, mais
n'imposons pas nos critères aux autres époques. Qui lit, après tout, la
Satyre Ménippée aujourd'hui? L'échec relatif de l'œuvre de Horry en 1611
est directement lié à la *popularité* de Rabelais, et aux chefs-d'œuvre qui
en résultent. Horry se trompe d'avoir voulu rattacher son œuvre à
l'héritage rabelaisien, car cet héritage, on l'a vu, a déjà atteint un haut
degré de perfection. A cette époque, d'ailleurs, tout auteur à succès et
qui dépend en quelque sorte de Rabelais, qu'il soit conteur ou pamphlétaire,
affirme posséder au moins une de ces qualités devenues pour ainsi dire
obligatoires à cet héritage: la perspective satirique et la création
linguistique. Horry dépend de Rabelais beaucoup plus qu'un Marnix, ou que
les auteurs de *La Satyre Ménippée*, mais ces deux qualités lui font néanmoins
défaut.

Voilà qui explique l'échec de l'œuvre à l'époque, qu'on y ait vu un
conte, une œuvre didactique ou un pamphlet. Là où Horry suit de près les
deux premiers livres de Rabelais, les "imitateurs" contemporains s'attachent

aux voyages allégoriques et hermétiques du *Quart Livre* et du *Cinquiesme Livre* (54). Le simple conte de géant a disparu, et si Pantagruel renaît au dix-septième siècle, c'est pour nous rappeler principalement ce "propre de l'homme" dont notre texte n'est que trop dépourvu (55). Ce qu'il y a de rire chez Horry concerne moins les bouffonneries rabelaisiennes si populaires, que le caractère du Paris contemporain, et ce rire fort sardonique, qui relève même de l'amertume, trouvera son écho plutôt dans des œuvres telles que *La Chronique scandaleuse ou Paris ridicule*, *La Ville de Paris en vers burlesques*, et *Le Tracas de Paris* (56). En tant que conte 'rabelaisien', notre texte ne pouvait donc pas réussir en 1611; encore si les deux autres pièces de Horry anticipaient cette vogue burlesque qui allait bientôt paraître. L'héritage rabelaisien assure aussi l'échec du conte en tant qu'œuvre didactique: les plus heureuses d'entre ces œuvres-déjà peu nombreuses dans cet héritage - s'éloignent définitivement du multi-symbolisme rabelaisien (Tahureau, N. du Fail...), pour se présenter soit comme de simples essais qui se bornent à nommer quelques personnages ou épisodes rabelaisiens, soit comme des séries de contes bouffons ou gaulois. Horry favorise le conte, il veut nous guérir au moyen du rire, mais il ressuscite le conte de géant, dépourvu d'ailleurs des caricatures, d'un Panurge, de l'érudition et de l'étendue satirique du *Tiers Livre*, et enfin des trois géants rabelaisiens qui définissaient ce pantagruélisme, cette "mouelle" qui faisait de l'œuvre rabelaisienne un récit moral et philosophique constructif. Si Horry pense à Picrochole, qui dévore le monde en imagination, il oublie Gargantua, qui le défend réellement; la grandeur physique de Grangosier ne reflète pas une grandeur spirituelle. Horry retient cet excès dans la forme, mais il écarte cette modération fondamentale qui constitue la base morale de l'édifice rabelaisien.

En tant que pamphlet rabelaisien, notre œuvre ferait toujours exception à la règle, ne témoignant ni de la rhétorique grave, violente, et osée du pamphlet-discours, qui provoquerait l'indignation, ni du ton plus amusant ou satirique du pamphlet-chanson, qui provoquerait plutôt le rire. Là où la satire des pamphlets est transparente, Horry n'offre ni une allégorie évidente, ni de la polémique directe; son Grangosier est violent, sa satire ne l'est aucunement. Et où trouver ces caricatures et cette perspective satirique, où rire de Grangosier comme on rit du Pape de Marnix, ou des personnages de *La Satyre Ménippée*? Henri IV figure peut-être dans le texte, mais il n'en est pas la raison d'être. L'œuvre transcende la catégorie du 'pamphlet'. Les pamphlets, d'ailleurs, avaient pour but de provoquer une réaction, de façonner les événements, tandis que Horry, s'il vise Henri IV, ne fait que les refléter. Ses réflexions, de plus, ne semblent pas représenter les sentiments du peuple à cette époque. Lenient parle "de la stupeur et de l'affliction universelle" entourant la mort de Henri (ouv. cité, t.II p.197), Poirson insiste sur le fait que "beaucoup de citoyens moururent de douleur" (t.II,2, p.944), et l'avis de Gaillard est des plus justes:

"Nombreux sont les pamphlets qui chansonnent Henri IV et cherchent à le discréditer ou à le ridiculiser, mais très rares sont ceux qui l'attaquent avec violence et l'insultent avec grossièreté. Il y a une différence de ton, sensible et caractéristique, entre les pamphlets-chansons de la Ligue, selon qu'ils visent ou le dernier des Valois ou le premier des Bourbons, car ce n'est point de la haine ou du mépris qu'ils témoignent au

Béarnais, c'est de la défiance et de la colère..."

(*Revue des Questions Historiques*, 95, 1914, p.130).

Ce résumé judicieux, qui souligne "l'invincible attrait qu'exerçait Henri IV sur ses plus irréductibles ennemis", remet sérieusement en question toute interprétation de notre texte comme simple pamphlet ligueur, et explique simultanément l'échec d'une telle œuvre (57). Admettons qu'aucun pamphlétaire "rabelaisien" n'atteindra, par définition, le véritable esprit de Rabelais. La finesse, la mesure et l'art sont souvent étouffés par une conviction excessive, le rire ne devient qu'un moyen polémique, le souci de combattre, et d'exprimer une doctrine dogmatique. Rabelais part non de la satire, mais du pantagruélisme, lequel fait naître les portraits satiriques, tandis que la satire des pamphlétaires n'est pas un moyen d'exprimer une idée, mais devient elle-même la pensée tout entière, et crée ensuite des idées encore plus déformées. C'est une satire qui engouffre et étouffe la pensée d'origine, finissant par la guider dans le fanatisme aveugle. Si c'est là une polémique efficace, elle fait défaut chez Horry, mais la valeur artistique et philosophique de Rabelais reste chez lui, également introuvable (58).

Horry a ressuscité le maître, mais il veut faire renaître des traits que l'héritage rabelaisien avait condamnés à mort depuis le temps des chroniques contemporaines de *Pantagruel* et de *Gargantua*. La *Mythistoire* avait tenté une résurrection analogue, mais en dépit de ses mérites, elle disparaît une trentaine d'années avant la publication de notre œuvre. C'est néanmoins à ce conte rabelaisien, conte sans la "mouelle" et sans le véritable art de conter, que Horry semble penser lorsqu'il veut refaire du Rabelais en 1611. La leçon est claire. Comme le Cingar de Folengo, il veut ressusciter un personnage qui n'est pas encore mort. Mais le maître, tout comme l'Epistémon de *Pantagruel*, est toujours en pleine santé, et Horry, comme Panurge, semble l'ignorer. En relisant le quatrain de la page de titre, on reconnaît l'imperfection de la magie de cet auteur qui ne ressuscite ni le Rabelais mort, ni le Rabelais tel qu'il est passé dans la littérature, mais plutôt un Henri IV, vu par un homme dont la politique reflète celle de la Ligue. Mais la Ligue, elle aussi, est morte. Si la publication d'une œuvre 'rabelaisienne' en 1611 s'explique par cet héritage que nous avons résumé, le *Rabelais Ressuscité* n'y trouve pas sa justification. Celle-ci se trouverait plutôt dans la conduite d'un Ravaillac.

Brunet voulait que notre texte soit de la polémique ligueuse, tandis qu'Oulmont constate qu'il ne faut pas "attacher plus de valeur qu'il ne convient à ce rapprochement probable" (ouv. cité, p.199). L'un constate, l'autre réfute - sans vraiment examiner ni le récit ni l'héritage rabelaisien. Nous espérons, après cette étude, et en offrant une réimpression de ce texte, avoir rendu possible une interprétation de l'œuvre dans une perspective correcte, mais tout en évitant cette tendance - trop manifeste d'ailleurs dans l'appréciation de l'oeuvre rabelaisienne - de vouloir y découvrir à tout prix des faits historiques précis. Un examen de l'imitation comporte une leçon pertinente pour le critique, le lecteur, et l'écrivain qui croient avoir compris la clé d'un auteur. Le lecteur se priverait d'une "mouelle" encore plus édifiante, peut-être que celle qu'il croit avoir établie, l'imitateur, lui, ne produirait qu'un écho fade et incomplet, écho qui ne tarderait pas à s'effacer, tandis que le critique s'éclipserait devant une érudition plus approfondie et une appréciation plus universelle.

Devrait-on prétendre que le *Rabelais Ressuscité* constitue, du commencement à la fin, une parodie extravagante et soutenue de l'œuvre du maître, subtilement adaptée d'ailleurs à une satire préméditée et outrageuse contre Henri IV? Une telle interprétation mettrait la valeur du texte en relief. Si ce géant égoïste, goinfre et méprisable comportait page après page cette double parodie, bon nombre de ces allusions banales ou dépourvues d'intention didactique évidente affecteraient une nouvelle signification, et il faudrait admettre que l'art de Horry, quelque destructeur qu'il soit, est bien subtil. Nous espérons avoir profité, cependant, de la leçon fournie par les interprètes et les imitateurs du seizième siècle, en ne formulant pas une telle conclusion apparemment définitive, mais en fait conjecturale, et en admettant aussi qu'après presque quatre siècles, la clé de cette œuvre, si elle comporte une signification autre que celle que nous croyons avoir trouvée, est perdue. Nous laissons au lecteur, d'après ce que nous avons indiqué de l'incapacité artistique de Horry, et des nombreux illogismes dans l'interprétation rabelaisienne ou polémique du texte, le souci de juger de la validité de cette leçon.

Laissons le dernier mot à Panurge, qui nous dit: " - Ouy bien, (dist-il), comme il vous semble; mais il ne me semble, quand à moy".

L'imitation littéraire est souvent de qualité. Les techniques qu'employait Rabelais en nous faisant voir le monde sous un jour si étrange n'étaient aucunement originales, mais le maître a su les refaçonner, et leur donner cette double signification contemporaine et universelle, avec un tel art qu'il a fini par être une des plus grandes influences littéraires de son siècle. Cette vogue qui a consisté à se servir des mêmes techniques qu'avait empruntées Rabelais, est manifestement due à son influence, et ne se borne d'ailleurs ni à la France, ni à l'époque qui nous concerne. Rabelais a prouvé que l'originalité artistique peut se manifester dans l'imitation même. Ses imitateurs, cependant, ont été moins heureux, les uns pour s'être bornés à la polémique strictement contemporaine - l'intérêt historique n'étant pas synonyme d'intérêt littéraire - et les autres pour avoir eu une idée trop simpliste de ce en quoi consiste l'imitation heureuse. Une simple reproduction ne suffit pas, mais il s'agit, comme l'a dit Pétrarque, d'une assimilation consciente et inconsciente:

"Celle-ci se produit après une longue maturation et dans une intime familiarité avec l'œuvre imitée. Mais l'imitateur prendra garde à ce que son ouvrage dissimule, pour ainsi dire, tout ce qu'il copie... d'une part il existe une assimilation quasi-totale... d'autre part l'imitation n'aboutira jamais à une identité complète... l'imitation ne conduit pas à l'identification: elle sera d'autant plus totale qu'elle se dissimule et qu'elle produit une similitude"(59).

Le génie de Rabelais est son habileté à imposer son propre talent sur les héritages philosophiques et littéraires de ses ancêtres, et sur les idées et les vogues stylistiques contemporaines, pour faire naître une œuvre qui,

sans être originale, n'a aucunement l'apparence d'une imitation; une
œuvre donc qui a une valeur à la fois contemporaine et universelle.
Voilà l'explication d'ailleurs de l'échec de ses imitateurs. Le maître
a dépassé les limites des genres (60), tandis que les tentatives de ceux
qui ont subi son influence ont abouti à des opuscules qu'on n'aurait pas
de mal à catégoriser: bouffonneries, facéties, contes gaulois, pamphlets,
satires sociales. Ces tentatives, en tant qu'imitations *valables*, ont
échoué, car l'œuvre de Rabelais défie de telles catégories, dépasse
tout résumé, épuise les commentaires avant d'être épuisée, et reste donc
foncièrement inimitable, sauf pour ces rares génies qui se soucient moins
de l'imitation voulue que de la création, ces rares esprits comme Rabelais
lui-même qui savent transcender l'imitation et défier les étiquettes et
les genres. Copier les grands traits d'un chef-d'œuvre n'est pas
difficile, tout artiste médiocre peut le faire. Son imitation cependant,
ne le rend pas maître de l'œuvre originale, ne le rapproche pas
nécessairement des intentions du premier artiste, et ne prouve pas qu'il
ait su sucer la véritable "mouelle" de la totalité de la création.

NOTES

1. Voir, par exemple, *Les croniques admirables du puissant roy Gargantua,* éd. M. Françon, Rochecorbon, 1956.

2. Voir l'article "Un lecteur du 11e livre en 1535" H. Clouzot, dans *Revue des Etudes Rabelaisiennes,* VII, pp. 385-6.

3. Voir *Le valet de Marot contre Sagon,* Paris, 1537, et la réponse de Sagon: *Le rabais du caquet de Fripelippes et de Marot, dict Rat pelé...* (s.l.n.d.)

4. Voir le *Theomitus,* Gabriel de Puy-Herbault, Paris, 1549, *De Scandalis,* Calvin, Genève, 1550, et les *Sermons de M. Jean Calvin sur le Ve livre de Moyse nommé Deutéronome,* Genève, 1567. (3e sermon sur le chap. III, 1555).

5. Voir le *Fort inexpugnable de l'honneur du sexe féminin,* Fr. de Billon, Paris, 1555; *La Louenge des femmes. Invention extraicte du commentaire de Pantagruel sur l'Androgyne de Platon,* Thomas Sébillet (?), Lyon, 1551; et l'article de M.A. Screech, "An Interpretation of the Querelle des Amyes", dans *B.H.R.,* 21, 1959, pp. 103-30.

6. Voir notre analyse du *Rabelais Ressuscité.*

7. Voir, *Conteurs Français du XVIe Siècle,* éd. P. Jourda, Gallimard, 1965, pp. 367-9. Voir aussi pp. 378-381, Nouvelles 12, 13, et 14, et l'œuvre de L. Sozzi: *Les Contes de Bonaventure des Périers,* Turin, 1965.

8. Voir C. Lenient: *La Satire en France ou la littérature militante au seizième siècle,* Paris, 1886, et L. Sainéan: *L'Influence et la Réputation de Rabelais,* Paris, 1930, pour d'autres exemples et renseignements.

9. Les figures grotesques des *Songes drolatiques de Pantagruel,* (Paris, 1565, attribués à François Desprez), reproduisent mieux peut-être l'allégorie, le burlesque et l'énigme du maître. Malgré le caractère anticatholique des gravures, il est difficile d'en dévoiler la véritable intention - trait qui ne caractérise pas les pamphlets. L'auteur est un émule de Rabelais sur le plan artistique, plutôt que dans un but polémique.

10. Publication posthume à Paris, 1565 (et 1562 ?). Voir Emile Besch, "Un moraliste satirique et rationaliste au seizième siècle. Jacques Tahureau," dans *Revue du seizième siècle,* tome VI, 1919.

11. Voir *Gargantua,* "Aux lecteurs" et "Prologue de l'auteur".

12. G. Choptrayanovitch, *Etienne Tabourot Des Accords (1549-90), étude sur sa vie et son œuvre littéraire,* Dijon, 1935, p.9.

13. Terme appliqué à Rabelais et à Des Accords dans l'épître au lecteur de l'édition de 1585 des *Contes et Discours d'Eutrapel* de N. du Fail.

14. Le *Premier livre des Serées* fut publié en 1584 à Poitiers, et les
deux autres, posthumes, en 1597 et 1598, à Poitiers.

15. Ce n'est pas notre propos de considérer ici les textes problématiques,
textes où une imitation apparente pourrait bien ne révéler qu'une
inspiration commune ou même une paternité commune. *La Bataille
Fantastique Des Roys Rodilardus et Croacus*, Paris, 1532 ("Imprimé
nouvellement"), souvent attribuée à Rabelais, pose de tels problèmes,
et appartient à une tradition où a puisé également Folengo. Nous
donnons une analyse plus approfondie de ces problèmes dans notre
thèse: "Le *Rabelais Ressuscité :* Aspects de la tradition rabelaisienne
entre 1532 et 1610," (Université d'Exeter).

16. Ed. P.L. Jacob, Paris, 1841, ch.12, p.30.

17. *Palais des Curieux*, Paris, 1612, p.461, et cité par Jacob, p. XXIII.

18. Le nom "Thibaut le Nattier" se trouve chez N. du Fail dans les
Propos Rustiques. Voir *Conteurs Français du XVIe Siècle*, Ed. Jourda,
ouv. cité, p.629.

19. A part quelques allusions de la part de chercheurs tels que Marcel de
Grève, J. Boulenger et L. Sainéan, et la petite étude de C. Oulmont,
Le "Rabelais Ressuscité" (1611), dans R.E.R. VI, 1908, pp.196-200,
les rares allusions et références à Horry sont résumées par l'enquête
d'un G. Turben dans *L'Intermédiaire des chercheurs et des curieux*,
IV, 1867-8, p.7, et par la réponse fournie dans *L'Intermédiaire*, V,
1869, p.35: "Quant à des renseignements particuliers sur la vie de
Nicolas de Horry, on n'en a pas".

20. "de Grec affricain en François" dans l'édition de 1614. Ruse commune –
les romans de chevalerie s'attribuaient souvent une origine grecque,
et c'est une vogue répandue au seizième siècle dans les œuvres
facétieuses (voir, pour d'autres exemples, p.VI de l'édition Brunet)
Rabelais se sert d'une mystification semblable dans le premier chapitre
de *Gargantua* (Livre de Poche, p.39).

21. "... et non en 22, comme le prétend le *Manuel du libraire*",
(édition Brunet, p.V). Cette confusion s'explique sans difficulté.
Entre le vingtième et le vingt et unième chapitre, il existe un autre
chapitre complet et qui n'a pas été numéroté par l'imprimeur (p.39).
Le dernier chapitre serait donc le vingt-troisième.

22. Les quatre parties de notre texte (période pré-natale et naissance/
jeunesse/ éducation et vie à Paris/ retour pour défendre le royaume)
se trouvent aussi dans *Pantagruel*, mais l'équilibre interne de ces
divisions correspond plutôt à celui de *Gargantua*. La longueur de
chacune des quatre parties du *Rabelais Ressuscité* s'accroît selon une
progression de l'ordre de 1, 2, 5, 8. On trouve une progression
régulière de cette sorte dans *Gargantua*, où la dernière partie est
de loin la plus importante, tandis que la verve de *Pantagruel*, œuvre
peut-être moins mûre et moins didactique, réside surtout dans la
prépondérance de la troisième partie – consacrée à la vie de Panurge

et de Pantagruel à Paris. Compte tenu d'une telle similitude entre
notre œuvre et *Gargantua*, non seulement en ce qui concerne le
contenu du récit, mais aussi l'importance relative accordée à chaque
partie du conte, on peut se permettre de croire que Horry a fait
consciemment un effort pour suivre la structure de *Gargantua*, plus
sérieux que *Pantagruel*, et qui accorde une plus grande importance aux
questions politiques. Un examen de la "sustantificque mouelle" de
notre texte soulignera cette accentuation politique.

23.

Voir, par exemple, l'épisode concernant les murs de Paris, p.14: "...
un enfant de trente ans, sauteroit facilement par dessus, et les
abbattroit d'un coup de pied". C'est une réminiscence des critiques
de Panurge: "une vache avecques un pet en abbatroit plus de six
brasses", *Pantagruel*, XV, p.217. La question de voler le Palais se
trouve également dans *Pantagruel*, VII, p.111.

24.

Voir, par exemple, p.18: "Dequoy indigné"; "Dequoy fort content";
"Dequoy esmerveillez"; "et ce faict"; "lequel leur dict";
"tellement que par ce moyen"... Ce style ampoulé, presque
juridique, est typique du récit entier, et ne se limite pas aux
documents juridiques. Voir p.16.

25.

Dans tous les contrats, on note cette insistance mise en même temps
sur le ton juridique et sur les titres burlesques (pp.20, 30, ...).
Les contrats et les procurations burlesques caractérisent à cette époque
une bonne partie de la littérature bouffonne (voir la réimpression de
Brunet, p.64), mais on en trouve aussi dans les pamphlets (voir
Gaillard, dans *Revue des études historiques*, 1920, pp. 382-3, ouv.
cité dans notre bibliographie).

26.

L'honneur est d'abord à Foüilletrou (p.6) et après à Rozillard
Bonhomme (p.39). L'idée se trouvait déjà dans les *Ordonnances
Generalles D'Amour* de Pasquier (Le Mans, 1564, voir la bibliographie),
œuvre où des termes de jurisprudence sont burlesquement appliqués à
des sujets banals. Les *Ordonnances* témoignent non seulement de
l'influence de Rabelais, mais aussi de ce même style que nous
retrouvons chez Horry: écrit puéril, humour peu spontané et recherché,
répétitions, traitement formel, élevé et sérieux d'un sujet frivole,
titres burlesques et fantaisistes ... Le *Rabelais Ressuscité* et les
Ordonnances ont subi, d'ailleurs, une éclipse parallèle.

27.

On note que Horry ne se soucie aucunement du temps, préférant des
méthodes qui excluent toute description. Voir, par exemple, cette
insouciance narrative qui caractérise l'épisode des "douze mois",
et la coïncidence lorsque la reine demande si le manteau est prêt
(pp.10-11).

28.

R. Jeffels, " Guillaume des Autels and his pastiche of Rabelais", dans
Revue de l'Université d'Ottawa, 28, 1958, p.19.

29.

Parmi les nombreux épisodes et détails communs aux deux auteurs,
citons: les lettres échangées entre le père et le fils, l'épisode
de Notre-Dame, la période de gestation de Gargamelle, la manière dont

Gargantua "paya sa bienvenue" aux Parisiens, l'importance accordée aux vêtements du géant, le portrait du géant qui entend "desia passer les coups d'arquebuses aupres de ses oreilles" (p.16 dans notre texte, et *Gargantua*, chapitre 36), le messager qui apporte les nouvelles du père au fils (p.19; *Le Quart Livre*, ch.3) et l'idée de la puissance bachique et du "service du vin" (p.32; *Gargantua*, 27, p.229).

30. Couppejarrets avait autrefois, nous dit Horry, fait profession en médecine (p.15), mais son herbe magique ne provoque aucune satire contre les charlatans ni contre les nombreuses formes de magie noire attaquées par Rabelais. On notera aussi la référence sommaire à Vuidebouteille, "doubteur en Medecine" (p.39).

31. Le mot "parodie" est justifié par le nombre de ces épisodes d'origine rabelaisienne. Rejeter cette hypothèse serait admettre une confusion encore plus inexplicable de la part de notre auteur, qui aurait donc renversé la moralité de quelques épisodes empruntés au maître sans s'en apercevoir, pour les juxtaposer, en plus, aux autres scènes et aux idées familiales diamétralement opposées. Ajoutons, et sans malice, que ces portraits optimistes rabelaisiens invitaient à la parodie. Il est même possible que Thélème - critiquée comme trop idéale et irréalisable, soit une parodie exécutée par Rabelais de ses propres rêves et de ses propres espérances. Nous verrons bien si la parodie qu'exécute Horry vise Rabelais lui-même, ou si elle constitue plutôt une exploitation de ces épisodes connus dans un but plus polémique.

32. Il est important de faire la distinction entre ces deux traitements chez Rabelais: son opinion personnelle d'une part, et sa perspective stylistique d'autre part. C'est la confusion entre ces deux traitements qui a soulevé d'inépuisables controverses sur la "modernité" ou le "barbarisme" de son attitude.

33. Encore une fois, c'est l'attitude de Rabelais non au *Tiers Livre* mais dans *Gargantua* et *Pantagruel*. Voir, par exemple, *Pantagruel*, pp.127-131.

34. Notons d'ailleurs que la désolation de Gargantua formait déjà une parodie des lamentations des oraisons funèbres. L'épisode soulevait aussi des questions psychologiques et religieuses d'une grande complexité. Celui qui pastiche une parodie sans se rendre compte que c'est une parodie risque de nous faire rire à ses propres dépens, danger inhérent à cette tendance d'emprunter çà et là quelques épisodes rabelaisiens qu'on croit convenir à son récit.

35. Citons, parmi les nombreux exemples démontrant la préoccupation sexuelle de la femme, les petites ironies aux pp.23 et 26, le portrait de la Duchesse de Mottecreuse, p.27, ses intentions en se mariant avec Grangosier, p.31, l'épisode du "Secretaire et Ambassadeur d'Amour", pp.39-41, et ainsi de suite. On note aussi que le thème du mariage fournit à notre auteur l'occasion de nous offrir encore plus d'exemples de ces contrats burlesques en vogue à cette époque. (Le *Traicté de mariage*, Lyon, 1611,... Voir les renseignements de Brunet, éd. de 1867, p.64).

36.
Facéties vite fatigantes cependant, et trop répétées, comme dans le
contrat burlesque des lettres de Docteur, avec ses "plus indoctes
points", ses "maistres és asnes", ses "tres-ignoramment... tres-
indoctement" et ses "grande insuffisance et incapacité" (p.20).

37.
Ce fut en 1589, voir Poirson, ouv. cité dans notre bibliographie,
t.1, p.20.

38.
Par souci de brièveté, nous ne reproduisons pas ici tous les exemples
de cette ambiguïté et des allusions probables à Henri IV.   Se
reporter à nos notes qui accompagnent le texte de Horry.

39.
Chez Rabelais l'épisode est des plus bouffons, l'intérêt didactique
n'apparaissant vraiment qu'avec l'entrée en scène de Janotus.   On
pourrait objecter, vu l'influence rabelaisienne, que nous ne devons
pas critiquer le géant de Horry, pas plus qu'on ne pense à condamner
celui de Rabelais, les tours d'un Panurge, ou ce Pantagruel qui veut
faire noyer les "marroufles".   Ce serait négliger, cependant, le
caractère évident de notre texte que de n'y voir qu'un pastiche de
Rabelais.   Aucune trace de pantagruélisme, ni même de ce rire
sardonique qui accompagne le portrait d'un Janotus;   une interprétation
manifestement "picrocholine", où ne restent que les tours malins des
personnages rabelaisiens.   On voit, d'ailleurs, dans l'épisode du
crocheteur, que les "bouffonneries" sont semées d'allusions aux
événements contemporains.

40.
En l'absence de cette satire transparente, cohérente et soutenue qui
caractérise les pamphlets politiques, il n'est pas impossible que
Grangosier représente plusieurs personnages à la fois.   Cet épisode
du crocheteur serait donc moins une allégorie qu'une série de
souvenirs: Concini, le siège de Paris, l'abjuration, les efforts des
états généraux... Cela expliquerait également la confusion apparente
du récit si l'on y cherche une parodie chronologique de la vie de
Henri.   D'autres allusions sembleraient renforcer cette hypothèse:
le banissement de Paris du géant (qui rappelle plutôt le dilemme de
Henri III, chassé de Paris, que celui de Henri IV), l'idée d'un
"Secrétaire d'amour", la date de la mort de Grangosier, (qui ne
correspond ni à celle de Henri III, ni à celle de Henri IV).

41.
Ce qu'il fait en faisant appel à la justice (p.25): sûrement pas
une interprétation ligueuse des efforts de Henri, mais peut-être une
satire de son inefficacité à s'établir roi, ou même un conseil aux
monarques en général.   D'ailleurs, l'introduction du "Roy de France,
qui regnoit pour lors", (p.26) complique encore plus le parallèle
entre Grangosier et Henri IV.   On peut soutenir, cependant, qu'il
s'agit d'un refus ligueur de reconnaître Henri (et donc Grangosier)
comme roi de France, mais que les allusions au prétendu roi sont
néanmoins des plus claires.   Le palais qu'apporte Grangosier serait
une allusion aux nombreuses constructions décidées par Henri à Paris,
et plus particulièrement au Louvre.   On notera, une fois cette allusion
établie, les ironies: le vol du palais rend le pays "pauvre et
necessiteux", et si Grangosier n'est pas roi de France, il en est
désormais "Auditeur des Comptes et fables des femmes".   C'est là un

portrait franchement ligueur de Henri IV.

42. "Au cas que la demoiselle... dans six mois à commencer du premier jour du présent, devienne grosse, et qu'elle accouche d'un fils... nous la prendrons à femme et légitime épouse..." (cité par A. Poirson, ouv. cité, tome 1, p.389). On a déjà vu la satire des femmes incorporée à cet épisode, dont l'interprétation exacte reste peu facile, mais c'est surtout la parodie stylistique qui caractérise les documents et les procès qui s'en suivent.

43. Ce n'est pas la seule allusion ironique au règne du géant. Notons la justification de sa dictature au début du ch.XX. Quoiqu'ironique, c'est une des rares occasions où Horry exprime directement une idée.

44. C'est l'épisode d'un "des maistres ramasseurs de pieces par les bouës de nostre ville... et Escureur de privez,..." (pp.37-39). Ces "maistres des basses œuvres" reviennent aussi dans *La lettre consolatoire* de notre auteur. L'importance démesurée qu'il leur accorde semble refléter ironiquement les nombreuses mesures prises par Henri pour sauvegarder la santé publique. Voir à ce sujet A. Poirson, ouv. cité, t.II, 1, pp.388-397. Les détails peints par Horry restent fidèles à la réalité même jusqu'au procès advenu à propos des profits gagnés par ces ouvriers. C'est la deuxième fois dans le texte que quelqu'un se trouve dérangé dans son métier par un autre qui veut en profiter.

45. L'édit à propos des "vuideurs de retraicts, et ramasseurs...", permet au géant, dans certaines circonstances, de confisquer de l'argent "pour estre és cofres de nos tresors, pour... aider à faire bastir la maison ruralle..." (p.39). Henri, connu pour ses constructions à Paris, y compris la Samaritaine, avait hérité des coffres royaux vides, d'où la nécessité d'imposer des impôts...

46. A propos des abus de la gabelle, voir Poirson, ouv. cité, t.1, pp.484-6; pour les édits sur la chasse (1601 et 1607), voir ibid. t.II, 1, pp.27-9. On note qu'en ce qui concerne ces deux aspects malheureux du règne de Henri, même M. Poirson, qui est partout convaincu de la grandeur de ce roi, admet que "ces actes législatifs ont été fort mal compris" (t.ll, 1, p. 27). On ne s'étonne donc pas de voir un auteur peu favorable à Henri se saisir de ces deux sujets.

47. Ed. de 1578, voir la bibliographie.

48. V. L. Saulnier, dans *Le Français Moderne*, 1944, pp.284, 295; voir aussi R. Jeffels, dans *Revue de l'Université d'Ottawa*, 28, 1958, pp.18-27.

49. Nous nous servons de l'édition de Françon (voir notre bibliographie) des *Croniques Admirables* (sans lieu, ni date); et où sont reproduits assez fidèlement les chapitres 2 à 4 de *Pantagruel*. Il ne nous importe pas dans cette étude de savoir qui était l'auteur original de ces chapitres (Rabelais, l'auteur des *Croniques,* ou peut-être

s'agissait-il d'une participation du maître à la rédaction de celles-ci), mais d'établir si Horry a connu le récit anonyme.

50. *Leçons et Notes sur la Littérature Française au seizième siècle,* Cambridge, Mass., 1965, pp.47-48.

51. L'absence de détails, de petites peintures saisissantes et animées est notable. Le lecteur est forcé de rester indifférent. Où trouver le drame, où être impatient et éprouver les sentiments que provoque *La Bataille Fantastique,* ou le mystère et les développements imprévisibles de Folengo? On trouverait sans peine des "nouvelles" qui ont plus d'intrigue, qui demandent plus de participation de la part du lecteur que ce récit, et ceci en dépit des avantages que présente un long récit développé, comme celui qu'adopte Horry, sur un recueil d'anecdotes individuelles.

52. Grossièreté dans les portraits, attaques contre les légistes et contre ceux qui tiennent un rôle privilégié, thèmes traditionnels comme le cocuage: voilà des aspects qui caractérisent la satire du seizième siècle - même chez les auteurs qui se passent du raffinement plus intellectuel d'un Rabelais - et qui sont typiques aussi de cette satire occasionnelle devenue si populaire. Mais Horry a aussi cette tendance à la négation et à la destruction dont souffrent la satire violente et la polémique des pamphlets militants. Il en résulte ce mélange malheureux et obsessif qui diminue la valeur didactique du texte.

53. Son exploitation a d'ailleurs réussi, on trouve toujours des catalogues qui attribuent cette œuvre à Rabelais.

54. Vogue qui ne meurt pas avec les œuvres d'un Reboul, et *l'isle des Hermaphrodites.* Le voyage imaginaire, la magie et le fantastique se retrouvent dans *Le Nouveau Panurge* (publié à La Rochelle, entre 1613 et 1615; et à Lyon, 1615 et 1616; voir *R.E.R.* III, 1905, pp. 408-31, où Boulenger résume cette satire des protestants). Le mystère et l'hermétisme devenus si populaires dans les pamphlets ne figurent pas chez Horry, non plus que le symbolisme hermétique et le courant philosophique de Rabelais.

55. "Ceux mêmes qui goûtent le plus son œuvre n'y voient à cette époque, qu'une hymne à la joie,... Si personne ne prend Rabelais au sérieux, tout le monde (hormis les dévots) s'en amuse... Beaucoup le pillent... A la Cour, ses personnages sont les héros des fêtes..." (J. Boulenger, *Rabelais à travers les âges,* pp. 32-4. Voir cet ouvrage pour des exemples de la légèreté de l'interprétation populaire du maître au dix-septième siècle). C'est plutôt Panurge qui est le héros rabelaisien au début du siècle. Il devient pour ainsi dire le nouveau Triboullet, le nouveau Maître Guillaume (Panurge figure aussi dans cette série de libelles, publiés sous le nom du bouffon populaire de Henri IV et vendus sur le Pont-Neuf), mais il ne figure pas chez Horry, non plus que ses bouffonneries devenues légendaires, et notre texte n'a donc eu nulle influence à cet égard.

56. *La Chronique scandaleuse*, de Claude Le Petit, Amsterdam, 1668,
(composée vers 1655-6); *La Ville de Paris*, du "sieur Berthod", chez
J.-B. Loyson, 1652, et sa continuation *Le Tracas de Paris ou la
seconde partie de la Ville de Paris*, F. Colletet, Paris, 1666.
Voir *Paris Ridicule et Burlesque au dix-septième siècle*, éd.
P.L. Jacob (Lacroix), Paris, 1859, pour une réimpression de ces
œuvres.   Si satire suggère compréhension, ces auteurs chanteraient
la gloire de Paris d'une manière qui témoigne des analogies avec la
perspective de Horry.   C'est le Par-rys de Rabelais.

57. Même à cette époque, lorsque l'on jugeait un roi autant par rapport
à sa vie privée que par rapport à sa politique, on n'hésitait pas à
signaler les améliorations considérables amenées dans le pays.   Presque
toute satire de Henri visait sa vie privée - ses maîtresses et sa
religion, et ceux qui ne cessaient de faire renaître la controverse
de l'abjuration vis-à-vis de l'intérêt publique constituaient une
minorité extrémiste.   Voir Poirson, t.II, 2, pp.933-955 pour un
portrait du roi et de l'esprit public contemporain.   L'œuvre
témoigne d'une admiration ardente pour Henri, mais elle n'en est
pas moins documentée.

58. S'il est vrai que: "La littérature du temps de Henri IV, une fois
les troubles et les excès de la Ligue passés, s'inspire presque
unanimement des idées d'une haute et sage politique, d'une saine
morale, de l'esprit chrétien, de l'esprit d'une religion éclairée;
elle unit la supériorité intellectuelle à la beauté morale;   c'est
là son fonds, et il est magnifique", (Poirson, t.1, p.XLIV); or non
seulement notre texte mais aussi presque toute polémique parue à
cette époque constituerait une exception.   Nous préférons croire que
les connaissances historiques de M. Poirson sont plus sûres que
ses connaissances littéraires.   Ces ouvrages dont il parle
constituent une véritable minorité;   il n'empêche cependant que notre
texte ressemble aussi peu à cette définition utopique qu'aux pamphlets
parus à l'époque et visant Henri IV.

59. S. Dresden, "La notion d'imitation dans la littérature de la
Renaissance", dans *Invention et Imitation. Etudes sur la littérature
du seizième siècle*, publiées sous la direction de J.A.G. Tans,
Bruxelles, 1968, pp.22-38; (p.24).   La conclusion de M. Dresden
est quelque peu étonnante: "Le résultat semble décourageant: plus
l'imitation sera réussie, moins le lecteur la reconnaîtra.   Et si
la réussite est totale, il ne sera plus guère à même de retrouver
l'imitation". (p.29).   Est-ce décourageant? Nous préférons croire
que M. Dresden parle uniquement pour les chercheurs, et que ce qu'il
vient de décrire est la définition même du génie, et du génie tel
qu'on le trouve chez Rabelais.

60. L'examen de Dresden, aucunement parallèle au nôtre et qui ne traite pas
de Rabelais, parvient cependant à une conclusion analogue: "Nous
croyons disposer de catégories inflexibles et sûres.   L'importance
de l'imitation littéraire à la Renaissance est entre autres choses

de nous faire voir qu'elles sont instables et peut-être même dangereuses"
(p.37).   Reprenant la pensée de T.S. Eliot sur la tradition ("It
cannot be inherited, and if you want it you must obtain it by great
labour", *Selected Essays*, Londres, 1946, p.14), Dresden affirme:
"On tenait à suivre certaines traditions, mais en les suivant on les
réintégrait, et c'est là sans doute la seule chose qu'on puisse faire
de n'importe quelle tradition.   On la maintient en l'abolissant...
C'est dire, puisque travail implique changement, que la tradition ne
se maintient que sous la condition de se transformer". (p.36).   Ceci
est reflété non moins dans le génie de Rabelais que dans les destins
divers de ses "imitateurs", y compris celui de notre auteur.   Tout
en exploitant des genres établis, Rabelais a su les assimiler et les
dépasser, et dorénavant il s'agissait de la tradition "rabelaisienne".
Mais Rabelais défiait l'imitation totale.

BIBLIOGRAPHIE

G. des Autelz : *Mythistoire Barragouyne de Fanfreluche et Gaudichon....*, Rouen, 1578, reproduction photographique, éd. M. Françon, Cambridge, Massachusetts, 1962.

J. Boulenger : *Rabelais à Travers les Ages*, Paris, 1925.

T. Folengo : *Histoire Maccaronique de Merlin Coccaie, prototype de Rabelais ...*, éd. P.L. Jacob, Paris, 1876.

M. Françon (éd.) : *Les Croniques Admirables du Puissant Roy Gargantua*, éditions Charles Gay, Rochecorbon, 1956.

J. Gaillard : "Essai sur quelques pamphlets contre la Ligue", dans *Revue des Etudes Historiques*, 1920, pp.368-389; pp.476-504.

" "Essai sur Quelques Pamphlets Ligueurs", I, dans *Revue des Questions Historiques*, XCIV, 1913, pp.426-455; XCV, 1914, pp.101-136.

" "Essai sur Quelques Pamphlets Ligueurs", II, dans *Revue des Questions Historiques*, XCV, Paris, 1914, pp.101-136.

M. de Grève : *L'Interprétation de Rabelais au XVIe siècle*, Genève, 1961, (E.R.III).

N. Horry : *La Complainte De L'Admirable Crocheteur, Qui estoit sur la cloche au dessus de la Samaritaine du Pont-Neuf, d'avoir esté, sans cause, desmis et depossedé de ceste place*, Paris, chez J. Regnoul, 1611.

" *La Lettre consolatoire escripte par le general de la compagnie des Crocheteurs de France à ses confrères, sur son restablissement au dessus de la Samaritaine du Pont-Neuf, naratifve des causes de son absence et voyages pendant icelle. Translatée de grec en françois par N. Horry ...*, 1612. (Reproduite par E. Fournier, dans *Variétés historiques et littéraires. Recueil de pièces volantes, rares et curieuses en prose et en vers*, Paris, P. Jannet, Bibliothèque Elzévirienne, IV, pp.235-246).

" *Rabelais Ressuscité récitant les faicts et comportements admirables de très-valeureux Grandgosier Roy de Place-vuide. Rouen, 1611. Nouvelle édition avec notes de Philomneste junior*, Genève, 1867.

" *Rabelais Ressuscité. Recitant Les Faicts et comportements admirables, du tres-valeureux Grangosier, Roy de Place vuide.* Paris, chez A. du Brueil, 1611.

F. Joukovsky-Micha : "La guerre des dieux et des géants chez les poètes français du XVIe siècle", dans *B.H.R.*, 29, Genève, 1967, pp.55-92.

P. Jourda (éd.) : *Conteurs Français du XVIe Siècle*, Bibliothèque de la Pléiade, Gallimard, 1965.

R. Mortier : *Un pamphlet jésuite 'rabelaisant', Le 'Hochepot ou Salmigondi des Folz' (1596). Etude historique et linguistique suivie d'une édition du texte*, Bruxelles, 1959.

E. Pasquier : *Ordonnances Generalles D'Amour. Envoyees au Seigneur Baron de Myrlingues, Chancelier des Isles Hyeres, pour faire estroictement garder par les vassaux dudict Seigneur, en la Jurisdiction de la Pierre au laict, et autres lieux de l'obeissance dudict Seigneur.* En Anvers, Par Pierre Urbert, 1574.

A. Poirson : *Histoire du règne de Henri IV,* Paris, 1856, (2 tomes, 3 volumes).

F. Rabelais : *Pantagruel,* Livre de Poche, Paris, 1964.

" : *Gargantua,* Livre de Poche, Paris, 1965.

F. Rabelais : *Le Tiers Livre,* Livre de Poche, Paris, 1966.

" : *Le Quart Livre,* Livre de Poche, Paris, 1967.

" : *Le Cinquième Livre,* Livre de Poche, Paris, 1969.

C. Read (éd.) : *La Satyre Ménippée ou La Vertu du Catholicon,* Paris, sans date.

E. Tabourot : *Les Bigarrures du Seigneur Des Accords, avec les Apophthegmes du Sieur Gaulard, et les Escraignes Dijonnoises,* éd. G. Colletet, Bruxelles, 1866, 3 volumes.

R A B E L A I S

RESSUSCITE.

RECITANT LES FAICTS

& comportements admirables, du
tres-valeureux Grangosier,
Roy de Place vuide.

Traduict de Grec en François, par N.
Horry, Clerc du lieu de Barges
en Bassigny.

AU LECTEUR,

Apres que Rabelais fust mort,
Curieux a voulu revivre,
Afin de faire voir ce livre
Qui resveille le chat qui dort.

A PARIS,

Chez A. du Brueil, au Palais.

———————

M. DC. XI.

A hault et puissant seigneur, Messire Antonnevin de la Fricassade, Comte de Nulleville, Chevallier de l'ordre des crocheteurs, Baron de Chasteau Ruiné, Gouverneur des Mousches au Duché de Sansterre, & premier President au Parlement de Nulle jurisdiction.

5 *MONSEIGNEUR C'est nostre devoir, de publier & mettre en lumiere les faicts des hommes illustres & vertueux, afin de nous regler sur iceux: comme sur un vray exemplaire de vie, veu mesmes qu'il n'y a rien plus agreable aux hommes, que la loüange de leurs faicts. Comme a tres-bien remarqué ce pere d'Eloquence Ciceron, en l'oraison* Pro Archia Poëta
10 *(où il dict)* Trahimur omnes laudis studio, & optimus quisq; maximè gloria ducitur, illi ipsi Philosophi etiam in illis libellis quos de contemnenda gloria scribunt nomen suum inscribunt &c. *Et pour confirmer son dire par apres, allegue la response que fit ce grand Capitaine Athenien Themistocles à un quidam qui luy demandoit quelle parolle, ou*
15 *quelle voix luy plairoit le plus, luy respondit que c'estoit celle de celuy qui publieroit ses vertus. Ce que considerant, il m'a semblé bon de ne laisser esvanouyr, ains de mettre en lumiere, les faicts presque incroyables du tresvaleureux Grangosier, qui a esté le plus vaillant Prince au combat des dents, qui ait jamais regné, comme son histoire*
20 *en faict foy: Ayant esté esmerveillé comme jusques à present, il ne s'est trouvé aucun autheur qui ait traicté de ses faicts, & faut bien que Plutarque qui a entrepris d'escrire les vies des hommes Illustres, ait obmis & oublié celle de Grangosier qui y devoit estre la premiere, ou qu'il ait eu quelque haine à l'encontre de luy qui l'ait empesché*
25 *de ce faire, veu qu'il vivoit de son temps. Mais quoy que ce soit, puis que personne n'en a rien escrit: Soit qu'on ait eu crainte de ne pouvoir venir à bout d'une si haute entreprise, ou comme il est plus vray semblable qu'on ait ignoré ses faicts, j'ay entrepris (bien qu'incapable) de les descrire le plus sommairement qu'il m'a esté*
30 *possible, les ayant translatez de Grec en nostre langue vulgaire, de mot à mot: suyvant l'exemplaire que j'ay recouvert, & qui est par devers moy, depuis quatre ans, duquel j'ay differé la traduction jusques à present, d'autant que par son testament qui est inseré dedans iceluy exemplaire, il prie à celuy qui voudra entreprendre de mettre ses faicts*
35 *en lumiere, d'attendre pour ce faire une annee bien fertile & abondante en breuvage qu'il aimoit le mieux, pour l'amour duquel, ou pour autre cause: Nous lisons qu'il mourust avec esperance de par ce moyen pouvoir ressusciter. Pour à quoy satisfaire, & pour executer son ordonnance de derniere volonté. Il m'a semblé ne pouvoir choisir une annee plus*
40 *commode que la presente annee 1610 en laquelle ce present livre a receu sa premiere impression, à cause que le bois tortu est chargé de beaucoup de fruicts, produisant un jus fort delicat, aymé de tout le monde, ce qui fera que plusieurs en sacrifians de ceste delectable liqueur au Dieu Bacchus prendront grand contentement à ouyr racompter*
45 *la vie de celuy qui en a esté grand amateur, en souvenance dequoy, ils boiront d'autant plus. Ce que je prieray vostre Seigneurie de faire de vostre costé, bien qu'ayez cela assez recommandé, & prendrez s'il vous plaist la protection de ce livre que je vous dedie comme vray deffenseur des biberons, vous priant le soustenir & deffendre contre*
50 *les mesdisans, quoy esperant, je demeureray à perpetuité.*

Vostre tres-desobeïssant serviteur.

N. H.

ADVERTISSEMENT aux Lecteurs aveuglez ayans cognoissance de la langue
Latine, pour cognoistre combien de fois se trouve le nom de l'Autheur
en ladicte langue, Et les proprietez qui en derivent.

Notez qu'en quatre manieres & façons vous pouvez trouver le nom de
l'Autheur, en prenant le genitif du nom *Aurum*, le datif du nom *Auris*,
l'imperatif du verbe *Haurio*, Et le datif du nom *Osoris*. La proprieté
de tous lesquels noms luy est legitimement attribuee. Car premierement
Aurum signifie l'or, parce qu'il est riche comme un Aristides.
Secondement *Aurus* signifie l'aureille, parce qu'il entend & comprend
tout ce qu'on luy dict comme un sourd. Tiercement le verbe *Haurio*,
signifie puiser, car il puise la science comme ceux qui puisent &
tirent de l'eau avec un seau troüé qui n'en peuvent retenir une goutte.
En quatriesme & dernier lieu, le nom *Osoris* signifie la bouche, parce
qu'il est eloquent comme un Alcibiades: Et d'ailleurs qu'il a bonne
bouche, laquelle il arrouse souvent du jus de raisin, crainte qu'elle
ne desseche trop.

RABELAIS RESSUSCITE

I

Comment Trousseviande pere de Grangosier fut marié avec la fille du Roy de Malangeance, & comme ils ne pouvoient avoir enfans.

Jadis au païs de Veautuerie, qui est situé environ demie lieuë au dela du bout du monde y eust un Roy fort riche & bien experimenté au faict & gouvernement des machoires, nommé Trousseviande, qui à cause de ses vertus & experiences, touchant les sacrifices de Bacchus, esquels il estoit
5   tellement versé qu'en tout son Royaume qui estoit de l'estenduë d'un demy quart de lieuë ou peu pres, ne se trouvoit son semblable: on luy bailla à femme la fille du Roy de Malangeance, nommee Blanchefesse, femme autant vertueuse & charitable envers ses voisins qui fust en tout le païs & estoit niepce de Humevent, grand Archiduc des chevaliers de l'ordre
10 des Cornards dudict Royaume, avec laquelle ledict Trousseviande vesquit paisiblement, ou contentieusement l'espace de cinq ans douze mois, sans avoir eu d'elle aucuns enfans, combien qu'il eust recherché tous les moyens à luy possibles & fait visiter la Royne Blanchefesse sa femme par tous les plus grands seigneurs de sa Cour, la plus part desquels avoient
15 esté autresfois sous la conduicte du capitaine Ragot, en la deffaicte des poulx, qui apres l'avoir visité comme il estoit requis & necessaire, firent entendre au Roy n'avoir trouvé aucune deffectuosité en elle, & qu'ils croyoient le deffaut provenir de son costé, dequoy il s'esmerveilla grandement, veu qu'auparavant qu'il fut marié il avoit eu de ses concubines
20 soixante trois enfans, tant borgnes, muets, aveugles, que sourds, qui pour lors vivoient encores, excepté ceux qui estoient allez voyager au dela de la terre & de la mer: Et sur ceste consideration, prit resolution d'apeller tous les Medecins de son Royaume, afin de prendre leur advis sur ceste matiere, & sçavoir d'où pouvoit provenir ce defaut ne pouvant
25 croire qu'il en fust la cause, veu qu'il avoit bien fait apparoir du contraire.

II

Comment Trousseviande fist assembler les Medecins, & l'advis qui luy fut donné par eux.

Suivant le commandement du Roy, tous les Medecins de son Royaume, qui estoient au nombre de trois: s'assemblerent en son grand Palais, dedans lequel ils estoient fort pressez combien qu'il fust asses spacieux pour y loger deux mil mousches, ausquels le Roy fist entendre sa volonté, &
5   le subjet pour lequel il les avoit mandez: Ce qu'entendu par eux, consulterent ensemblement d'où pouvoit provenir tel deffaut, les uns allegans l'impuissance, les autres l'inegalité d'humeurs, toutesfois

le plus jeune d'iceux, nommé Foüilletrou, mist en avant le dire d'Aristote,
qui dict, *confusio seminum impedit generationem,* qui fust la raison la
10 plus approuvee du Roy, disant qu'il estimoit cela estre veritable,
d'autant que sa femme la Royne ne se vouloit contenter de luy seul, ains
estoit commune comme un puits, & faisoit descrotter son bras par le
premier venu, & ce faict tira à part ledit Foüilletrou, comme le tenant
le plus sçavant de tous, & luy demanda quel remede seroit bon pour
15 empescher ce deffaut, afin d'avoir lignee: A quoy respondant ledit
Foüilletrou, dict que si le Roy le vouloit bien recompenser, qu'il se
portoit fort de faire avoir enfans à la Royne dedans six mois: dequoy
bien resjouy luy promist de le faire son premier Secretaire & Ambassadeur
d'amour, mais qu'il desiroit sçavoir quel medicament il vouloit appliquer
20 à la Royne, ce que iceluy Foüilletrou ne voulut declarer appertement,
ains seullement dict qu'il estoit de besoin d'estre seul enfermé avec
elle l'espace de trois mois: Et que pendant ce temps il luy appliqueroit
souvent au dessous du ventre d'une certaine huile qui estoit la plus
souveraine pour faire engendrer qu'on eut sceu trouver au monde, &
25 que la raison pour laquelle il desiroit estre seul, estoit afin que
personne n'apprist son secret, & la maniere de composer de telle huile.
Le Roy luy accorda sa demande, & le mist avec la Royne en une chambre
à part où il eust tout loisir pendant ce temps de frotter la Royne avec
ceste huile en la place qu'il luy demangeoit, tellement que les trois
30 mois ne furent si tost expirez que ceste huile monstra son operation
& enfla le ventre à la Royne, & la fit enceinte du tres redouté
Grangosier, duquel nous parlerons icy bas, dequoy bien aise le Roy
congedia le Medecin Foüilletrou, loüa la grande vertu de son huile, &
luy fit expedier ses lettres de Secretaire & Ambassadeur d'amour, le
35 faisant gouverneur de son chasteau de Maison ruinee, avec pouvoir de
chasser aux mousches avec l'arquebuze, par tout son Royaume.

III

*Comme en peu de temps apres la Royne accoucha & se delivra de Grangosier,
dont fust demeuree grande joye.*

Avant que le terme de six mois proposé par Foüilletrou fust expiré, les
effects de son huile parurent si bien que la Royne accoucha de Grangosier,
non toutesfois sans grande peine & danger de mort: car elle fust quinze jours
en travail d'enfant, avant que se pouvoir delivrer d'un si gros masle,
5 & pensoit-on qu'elle voussist aller faire un voyage aux champs Eliziens,
mesmes le Roy luy avoit desja faict preparer un tombeau, ne se souciant
plus gueres d'elle, puis qu'il avoit un si beau fils, qui avoit la mine de
pouvoir desja avaler du vin sans corde, & eut telle joye de sa naissance,
qu'il dict qu'il n'en eust voulu tenir cinq sols, & se prist tellement
10 à rire à cause qu'il mangeoit desja seul autant que cinquante autres,
qu'ils en rompit deux dents, disant qu'il n'avoit à faire de nourrices
puisque son fils mangeoit si bien tout seul, ayant pour son premier
repas mangé un quartier de bœuf, deux espaules de mouton, & la teste
d'un veau qu'il avoit avalé avec les cornes, ayant desja de bonnes dents,

15 mais il s'en rompit une en cassant & avallant les cornes de ce veau.
Et pour en mener plus grande joye, le Roy fist un Edict, à ce que tous
ceux de son Royaume eussent à faire des feux de joye, & sonner toutes
les cloches de leurs temples: Ce qui fust faict & executé avec telle
pompe & magnificence, qu'en toutes les Annales dudit Royaume ne s'en
20 trouve point de semblables, & afin que le peuple eust à loüer, & se
souvenir d'une telle naissance, le Roy fist aussi un Edict que tous
prisonniers seroient eslargis, soit pendant leur vie ou apres, & que
ceux qui avoient payé ne devoient plus rien: & revoqua l'Edict qu'il
avoit faict auparavant, touchant la deffence de chasser aux mousches,
25 & bailla permission à son peuple d'y chasser sans aucune crainte mesmes
dedans ses forests ruralles avec harquebuzes ou flesches: Et est à
noter que les mousches de ce païs là ne sont semblables à celles qui
viennent en ce païs, ains sont beaucoup plus grosses: mesmes les plus
petites surpassent en grosseur un veau de sept ans, & neantmoins ont
30 des aisles, & voslent aussi bien qu'un bœuf, la chair en est fort
delicate, & est un manger royal estant plus exquises en ce païs là,
que non pas les porcs sangliers par deça, qui estoit l'occasion qu'elles
avoient esté deffenduës. Et outre le Roy fit estable ouverte à toutes
bestes pour venir manger de son foin en recognoissance & tesmoignage
35 de la grande joye qu'il avoit de la naissance d'un si valeureux fils
au combat des dents qui luy estoit né pour successeur.

IIII

De la forme & prestance de Grangosier, & de sa vaillance & bonne façon
qu'il avoit à consommer les viandes.

Tous les historiens tant Anciens que Modernes, qui ont voulu parler de
la corpulence & grande stature de Poliphemus, & de Gargantua se
trouveroient bien empeschez de Grangosier qui est bien autre & beaucoup
differente: joinct aussi que la pluspart de ce qu'ils en ont dict a
5 esté par eux controuvé, & faict à plaisir pour faire rire ceux qui en
ont envie: mais celle de Grangosier est si veritable qu'il n'y a muet
en tout le monde, qui vueille dire appertement ne qui ose prononcer
hautement que ainsi ne soit: car je l'ay translaté de Grec en François,
& pris d'un vieux exemplaire tout rongé des rats qui estoit enfermé
10 dans un coffre au chasteau de Malplaisance long temps auparavant la
creation du monde. Il se trouve donc par cestuy exemplaire que
Grangosier estant en l'aage seullement de huict jours estoit desja
tellement gros & grand qu'il n'eust sceu se tourner parmi le Palais
de son pere, & bien qu'il se baissast neantmoins abbatoit & faisoit
15 cheoir le plancher & la couverture dudict Palais, bien qu'il fust de la
hauteur de deux mil cinq cens pieds, tellement qu'à cause qu'il ne se
peut trouver aucuns ouvriers qui peussent hausser d'avantage ce Palais,
ni en faire un plus hault, il estoit contrainct d'estre tousjours aux
champs, & se couchoit au milieu d'une grande prairie qui estoit de
20 l'estenduë de quatre lieuës, & si toutesfois la trouvoit un peu trop
courte, & ses pieds passoient plus avant & touchoient à des buissons

& espines qui le picquoient, ce qui le faschoit beaucoup, mais il estoit
contrainct de s'y tenir, ne pouvant trouver de lieu plus propre par
tout ce païs là, n'estant adverti qu'il y en avoit de plus commodes en
25 Champagne qui luy eussent esté plus que suffisants. Les habitans de
ce pays là estoient fort faschez, d'autant qu'il gastoit toutes leurs
terres & en prenoit luy seul le profit: car il cueilloit & mangeoit tous
leurs fruicts. Cela luy vint bien de ce qu'il se nourrissoit du bien
d'autrui attendu que tout le bien du Roy son pere, bien qu'il fust tres-
30 grand, voire s'approchant de pres à celui d'Aristides, ne lui eust peu
suffire deux jours entiers: car estant encores si jeune soit qu'il se
portast bien, ou qu'il fust malade, mangeoit ordinairement à chasque
repas deux mil bœufs, huict mil moutons, six mil veaux, dix mil chapons,
vingt cinq mil perdrix, quarante deux mil allouettes & plusieurs autres
35 choses, & avoit un verre de bois qui tenoit quatre cens muids de vin,
qu'il vuidoit tousjours douze fois pour le moins à chacun repas, &
ainsi faisant, apauvrissoit tout le pays d'alentour, & y mist la famine:
ce qui contraignit les habitans de s'eslever contre luy avec force
d'armes, pour le tuer, ou contraindre à quiter le pays.

V

*Comment les habitans de Pampegruë & de tout le pays circonvoisin, allerent
en bataille contre Grangosier, & comme il leur en print.*

Tous les habitans du Royaume de Pampegruë se voyans reduicts en extreme
famine, prindrent resolution d'assembler tous les païs circonvoisins,
afin d'aller mettre à mort Grangosier. Apres avoir bien rengé leur
armee, qui estoit au nombre de six cens mil hommes, en y comprenant les
5 femmes, qui s'estoient emparees de leurs quenouilles, pensans bien
espouventer Grangosier, marcherent ainsi en bataille contre luy: lequel
ne se doutant du faict comme il estoit couché en sa prairie ordinaire,
entendant le bruict de l'armee qui venoit contre luy, & l'approchoit
de cinq lieuës pres, il se leva en sursault, & apercevant ses ennemis
10 sans avoir aucune verge ny baston, se jetta dedans leur armee avec telle
force & roideur, qu'il rompit leurs espees & harquebuzes avec la main
& les dents, & en mangea une grande partie, & puis avec beaux coups de
poins & de pieds les envoya sommeiller au dortoir de Pluton, excepté
ceux lesquels se voyant en grand danger comme les autres se jetterent
15 par terre, & firent semblant d'estre morts, & par ce moyen se sauverent
lors que Grangosier se retira, & rapporterent ceste deffaite au Roy
Trousseviande son pere, qui en fut grandement esmerveillé, & proposa
d'envoyer querir son fils, afin de le rendre plus doux, & lui faire
aprendre quelques vertueux exercices. Mais pour retourner à nostre
20 propos, Grangosier fut bien joyeux d'avoir fait une telle desconfiture,
& principalement à cause qu'il y avoit longtemps qu'il n'avoit mangé
sinon que des oyseaux qu'il prenoit en l'air en volant, ce qui estoit
peu de chose pour luy, & avoit desja mangé tout le bestial & toute la
venaison d'alentour, en sorte qu'il estoit contrainct le plus souvent
25 de humer le vent, tellement qu'il dedia toutes ces personnes mortes au

sacrifice de ses dents, & luy servirent de viande trois jours entiers,
ne mangeant tous les jours que deux cens mil personnes: mais apres se
voyant destitué de tous moyens, & le brevage de Bacchus luy manquant
trouva une belle subtilité comme entendrez cy apres.

VI

Comment Grangosier beut toute l'eau de la mer, & mangea tous les poissons
qui y estoient.

Grangosier ne sçachant plus de quel bois faire flesche, comme on dict
en commun proverbe, & voyant que les vivres & l'eau rouge qui provient
du bois tortu luy defailloient, & qu'il n'avoit plus dequoy moudre en
son moulin, à cause de sa grande voracité d'avoir tout mangé & devoré
5 les biens & habitans du païs, & qu'il ne luy restoit plus que quelques
oyseaux qu'il prenoit en l'air, ce qui ne pouvoit suffire à la moindre
de ses dents, commença à devenir triste, pensant en soy mesme, que
s'il vouloit continuer ses façons de faire, tout le bien du monde ne
luy pourroit suffire, protesta de se corriger & moderer ses appetits
10 & se contenter de la moitié de l'ordinaire qu'il avoit jusques là
faict. Et sur ceste consideration dict neantmoins qu'il failloit
trouver quelque invention pour vivre, & sur le champ s'advisa d'un bon
moyen: car il dict puis que j'ay grandement soif, y ayant pres d'un
quart d'heure que je n'ay beu, & que le breuvage du Dieu Bacchus me
15 manque, il faut necessairement que je boive toute l'eau de ceste mer
qui est aupres de moi & par ce mesme moyen apres l'avoir espuisee,
j'aurai dequoy vivre pour long temps, car je prendrai tous les
habitans qui y sont, qui me serviront à exercer mes dents, puis que la
venaison me manque, ce qu'il fit, & espuisa & beut toute l'eau de la
20 mer, appellee la mer douce, fort differente & bien esloignee de la
nostre, puis prist avec facilité tous les poissons qui y estoient, qui
lui servirent de provision avalatoire pour dix jours entiers, & farcist
son ventre de toutes sortes de poissons, & entre autres avalla deux
Baleines vives toute à la fois, qui apres qu'elles furent dans son
25 ventre pensans estre dans la mer, nageoient & se demenoient, ce qui lui
fist grand mal, & de la douleur qu'il en eust, fust plus d'une demie
heure apres sans manger.

VII

Comment le Roy Trousseviande, & la Royne Blanchefesse entendans les
merveilles de Grangosier leur fils, l'envoyerent querir.

Les nouvelles des comportemens de Grangosier venans tous les jours aux
oreilles de ses pere & mere, craignans qu'il ne fist pis, l'envoyerent
querir par deux de leurs valets de pied, car ils n'en avoient point de
cheval, avec lesquels il vint jusques au devant du Palais du Roi, car

5   il ne pouvoit entrer dedans, à cause de la hauteur & grosseur, &
incontinent le Roi Trousseviande son pere, & la Roine Blanchefesse sa
mere le vindrent voir & saluer, & furent grandement esmerveillez comment
il estoit creu & devenu grand de moitié, depuis qu'ils ne l'avoient veu,
& que pour tout habillement, il n'avoit que plusieurs peaux de loups,
10   & de chevres cousuës ensemble, & mesmes n'en avoit en suffisance: ains
seulement sur les parties les plus verecondes & honteuses. Si l'opinerent
ensemblement: (je pensois dire opinerent) quel remede ils pourroient
trouver pour l'habiller, veu qu'il ne se pouvoit trouver aucun tailleur
en tout leur Royaume, ni ailleurs, qui voussist entreprendre de lui
15   faire des habillemens comme estant chose impossible, & d'ailleurs que
tous les drapiers de leur Royaume n'auroient assez de drap pour l'habiller:
Toutesfois convindrent qu'à tout le moins luy failloit faire un manteau,
& à ceste fin firent enlever & prendre tout le drap qu'ils trouverent
en leur Royaume, ce qui n'estoit suffisant ny en ayant que douze mil
20   aulnes, parquoy envoyerent une grande partie de leurs sujets au Royaume
de Grippesauce, afin d'apporter & achepter tout le drap qu'ils y
trouveroient, & d'amener par mesme moyen plusieurs tailleurs d'habits,
parce que ceux de son Royaume n'y pourroient suffire. Ce qu'ils firent,
car ils apporterent trente mil aulnes de drap, & amenerent huict mil
25   tailleurs, dont le Roi fut bien resjouy, mais s'espouventoit comme il
pourroit fournir argent à tant de personnes: veu que le revenu de son
Royaume, en dix ans ne lui pouvoit rapporter la moitié de ceste despence.

VIII

Comme Trousseviande, & Blanchefesse sa femme firent faire ce manteau,
combien de temps on fut à le faire, & le conseil qu'ils prindrent de
faire estudier leur fils.

   Ceste quantité de drap, & d'ouvriers, estant venuë comme dict est, le
Roy envoya querir tous les tailleurs de son Royaume, qui estoient au
nombre de six mil, (sauf à rabattre ceux qui y estoient de moins) puis
fist apporter les douze mil aulnes, avec les trente mil qu'on avoit
5   apporté de païs estrange, qui faisoient en tout quarante deux mil aulnes,
ce faict, demanda advis aux quatorze mil tailleurs, s'il y auroit
assez d'estoffe, & combien de temps ils seroient à le faire, qui luy
respondirent tous, excepté ceux qui se teurent, qu'ils avoient peur
qu'il n'y en eut assez & que le manteau seroit bien court, & que pour
10   le temps qu'il falloit employer à le faire, il ne failloit pas moins
d'un an, ou de douze mois. Ce qu'entendant le Roy jura par sainct
Fesusé qui estoit le patron des grosses bestes de ce pays là, que quand
il n'en faudroit plus qu'une demie aulne d'estoffe qu'il ne la fourniroit
pas: disant que c'estoit une honte de voir qu'il fallut plus d'estoffe
15   à son fils seul que non pas à tous ceux des deux plus grands Royaumes
qui fussent au plus gros vilage du monde, & profera plusieurs injures
contre le Medecin Foüilletrou, pour avoir appliqué trop d'huile sous le
ventre de sa femme & lui avoir fait engendrer un si grand masle: toutesfois
la Royne l'appaisa; disant que cela ne provenoit de ce que le Medecin

20 Foüilletrou luy eust appliqué trop d'huile, veu qu'au contraire il ne
luy en appliquoit si souvent, ny en telle quantité qu'elle eust bien
desiré, & laissans tous deux ce propos. Trousseviande dict à sa femme
qu'incontinent que ce manteau seroit parachevé, qu'il estoit d'advis
de l'envoyer aux estudes en quelque bonne Université, & que s'il
25 vouloit apprendre selon sa grandeur de corps & mettre autant de science
en sa teste qu'il y en pourroit entrer que ce seroit quelque jour le
plus sçavant de son Royaume, mais sa femme Blanchefesse lui dict qu'il
estoit trop jeune pour l'envoyer aux estudes, n'ayant que trois ans:
A quoy le Roy lui repliqua & dict parbieu vous vous moquez je n'ai
30 jamais veu si grand eschellier que lui, vous voyez qu'il a desja fait
beaucoup de beaux exploicts des dents, en quoi se recognoist son esprit:
Croyez que s'il veut avaller les sciences avec telle experience &
promptitude qu'il avalle les viandes, il sera le plus sçavant qui soit
en toute l'université de Barges. Adonc la Roine recogneut la verité
35 estre telle, & peu de temps apres envoya un des tournebroches de sa
cuisine, voir aupres des tailleurs si ce manteau estoit faict, & qu'ils
l'apportassent, veu qu'il y avoit un an & d'avantage qu'ils estoient
apres, mais ce tournebroche ne fust si tost sorti de la maison, qu'il
apperceut les tailleurs qui l'apportoient, & les fist entrer, & en
40 advertist le Roy & la Royne, qui commanderent aux tailleurs de le
mettre sur les espaules de Grangosier, mais ils ne peurent: bien qu'il
se fust abaissé selon son pouvoir, ce que voyans, monterent au dessus
du Palais, qui estoit de la hauteur de trois mil pieds ou peu pres,
comme il a esté dict ci dessus, & de là lui mirent sur les espaules,
45 mais il fust trouvé un peu trop court: Toutesfois le Roi jura par sa
part d'enfer, qu'il n'y feroit plus toucher, & demanda terme aux
tailleurs pour les payer jusques aux prochaines Calendes Grecques
ensuivantes, & envoya querir les plus experts cordonniers de son Royaume
pour sçavoir d'eux s'ils pourroient faire des souliers commodes à
50 son fils, qui suivant son commandement le vindrent trouver & lui
declarerent cela estre impossible, d'autant qu'en tout le monde ne
se pouvoit trouver aucune forme assez ample, ni assez grande quantité
de peaux de veaux, bien qu'il en fust grande foison parmi tout le monde,
pour faire de tels souliers: ce qu'entendant le Roy, dict que puis que
55 cela estoit impossible qu'il n'estoit pas d'advis de passer plus outre,
mais dit qu'il estoit de besoin avoir un chapeau, ce qu'entendant
Grangosier qui estoit present dict à son pere qu'il avoit un beau
verre de bois, contenant quatre cens muids qui lui serviroit fort bien
de chappeau l'ayant desja esprouvé, dont Trousseviande son pere fut
60 bien aise & le voulut voir, & trouva que le dire de son fils estoit
veritable.

IX

Comment Grangosier fust envoyé par son pere és estudes, & du profit qu'il y faisoit.

Apres que Grangosier fust habillé en la façon qu'avez cy dessus ouy,
son pere l'envoya estudier en l'université de Peudestudes, qui n'estoit
qu'à dix lieuës de la, soubs le tresrenommé seigneur Nemo, premier
Docteur d'icelle université, où il profita en telle sorte, qu'en moins
5 de trois ans il pouvoit desja discerner un A, d'avec un B, & surpassoit
tous ses condisciples, tant en hauteur de corps que d'esprit, touchant
la cuisine, qui estoit ce à quoi il s'estudioit le plus: il estoit fort
civil & honneste, ne pouvant endurer aucune ordure, car il disoit,
Dieu a fait les planettes, & moi je veux faire les plats nets, car
10 aussi tost qu'il appercevoit quelque viande estre dans un plat sur la
table, incontinent afin de tenir le plat net, il la serroit en son
coffre sans serrure. Toutesfois se plaignoit de ce qu'il n'avoit
jamais peu boire dedans un verre net, & estoient bien aise quand il
les voyoit remplis de jus de raisins, car aussi tost il les netoyoit, &
15 afin de ne gaster le plancher s'il eust jetté dessus ce qui estoit dans
les verres, il le jettoit dedans son antonnoir & en lavoit ses trippes,
tenant cela estre un remede souverain pour empescher la soif, & pour
faire evaporer les mauvaises humeurs. Mais il estoit fort desplaisant
de ce que son maistre lui enfermoit tel breuvage, & qu'il n'en avoit
20 que rarement & bien peu à la fois: si rechercha tous les moyens à lui
possibles de pouvoir attraper la clef de la cave qui estoit soigneusement
gardee par une vieille servante de son maistre, nommee Grippevesse, &
fist en sorte qu'un soir environ la minuict comme ceste servante dormoit,
il entra tout doucement en sa chambre, & prist la clef de la cave qui
25 estoit sous le chevet de son lit, auquel lieu elle avoit de coustume
la serrer, de sorte que se voyant estre venu au bout de ses entreprises,
il fust plus joyeux que s'il eust trouvé une espingle, & s'en alla de
ce pas droict en la cave, dedans laquelle il y avoit grande quantité
de vin, jusques au nombre de trois cents muids, d'autant que son maistre
30 en avoit fait grande provision à cause qu'il avoit plusieurs pensionnaires,
où estant pensa que ce n'estoit pas le tout d'estre ainsi entré là, mais
qu'il failloit trouver une invention pour en sortir à son honneur, afin
qu'on ne le soupçonnast du faict & reporter la clef ou il l'avoit prise,
& à l'instant se souvint d'un bon moyen qui estoit, qu'il boiroit tout
35 ledit vin (excepté cinq ou six muids) qu'il respandroit, & par ce moyen
penseroit on que tout ledit vin auroit esté respandu, & que pour tout
le reste, il le respandroit sur son gosier, comme il fist, & pour mieux
colorer son astuce, rompit tous les cercles des tonneaux, & raporta la
clef ou il l'avoit prise, sans qu'on s'en apperceut: Mais le lendemain
40 venu ceste pauvre vieille Grippevesse voulant aller tirer du vin pour
le disner, comme elle avoit de coustume, fust esbahie de voir un tel
spectacle, & arrosant ses yeux de larmes, & munissant sa langue d'allarmes,
alla appeller son maistre pour venir voir cest accident, s'excusant
envers luy, & disant cela ne provenir de sa faute, ains des cercles

45 qui estoient vieux qui s'estoient rompus d'eux mesmes. Ce que le maistre
ne prit pour payement, & apres avoir bien chargé le dos de ceste vieille
de grands coups de bastons, lui bailla son congé luy imputant ceste
faute, à cause que elle qui alloit tousjours tirer du vin, devoit
prendre garde si les cercles se rompoient, afin d'en faire mettre de
50 neufs. Ce que voyant Grangosier, joyeux d'estre si bien venu à bout
de son entreprise, en rendit graces au Dieu Bacchus de ce qu'il l'avoit
assisté, & donné les moyens à trouver dequoi pour luy sacrifier.

X

*Comment les compagnons de Grangosier se mocquoient de luy de ce qu'il
n'apprenoit rien, & les raisons qu'il leur bailloit pour monstrer
qu'il estoit plus sçavant que eux.*

Les compagnons d'escolle de Grangosier tousjours le picquoient & se
mocquoient de luy, de ce qu'il avoit tellement l'esprit dur à l'estude
& prompt à la cuisine qu'il ne pouvoit encores decliner *musa,* ny
conjuguer *amo,* disans que c'estoit une honte à luy d'estre si grand,
5 & ne rien sçavoir & que c'estoit un yvrongne insatiable, qui eust beu
deux mil muids de vin pour un repas, luy remonstroient qu'il failloit
boire avec temperance, & d'ailleurs luy objectoient sa paresse, en ce
qu'il estoit si negligent qu'il n'ouvroit jamais son livre pour y
regarder. Mais se voyant ainsi attaqué d'eux, leur dict qu'ils se
10 trompoient grandement, qu'il sçavoit plein un grand panier de Latin
& que sa teste en estoit tant remplie qu'il n'en pouvoit faire sortir
un seul mot, qu'il avoit meilleur esprit qu'eux, & qu'il les deffioit
d'oser entrer en dispute avec luy à la cuisine, & que jamais ils n'en
pourroient apprendre le quart de ce qu'il y sçavoit, & que la raison
15 qu'il n'ouvroit jamais son livre, estoit parce qu'il avoit si bon esprit
à prendre & humer quelque broüet, qu'il retenoit aussi bien sa leçon,
à l'ouïr dire, que de regarder dedans son livre, & qu'il ne le tenoit
pas fermé sans sujet, qui estoit tel, que s'il eust ouvert son livre,
& manié souventesfois, il l'eust tout gasté & rempli d'aureilles, &
20 que son naturel estoit d'estre propre, & de conserver ses livres
suivant mesmes le mandement de son pere, qui luy avoit deffendu de
les soüiller, aimant mieux obeïr à son pere que non pas à eux. Et que
pour monstrer qu'il n'estoit si ignorant qu'ils le faisoient, & aussi
pour rembarrer leur dire de l'accuser d'yvrongnerie, il leur allegua
25 le dire du sage Caton, autheur fort approuvé, qui dict, *Bibe quod possis,*
qui est à dire, bois tant que tu pourras, mais eux vouloient expliquer
ce passage autrement, disans qu'il ne s'entendoit de ceste sorte, lui
persista au contraire, & soustint estre la vraye explication, suivant
mesmes le dire du Philosophe Epicurus, extraict de son livre, *De modo
30 bibendi capite 3. fol. 8.* Et outre leur demanda s'ils sçavoient la
derivaison de Robinus, à quoy ne peurent respondre, mais luy pour ne
les tenir long temps en doute, leur dict que le nom de Robinus estoit
derrivé du nom de Plato mutando, *Pla in Ro, To, in hi,* & addendo *nus*

fit Robinus. Dont ses compagnons furent bien esbahis, & recogneurent
35 qu'il estoit plus indocte, je pensois dire docte, que eux, & de la en
apres n'eurent plus garde de l'ataquer.

XI

*Comment le pere de Grangosier ayant entendu que son fils n'apprenoit
rien, l'envoya à Paris pour y estudier.*

Troussevaunde, tout farci des nouvelles qu'on luy apportoit de jour en
jour, du peu de science qu'apprenoit son fils Grangosier en l'université
de Peudestude, & ayant ouy parler autresfois d'une belle ville, nommee
Paris, situee au monde, proche le mont de Parnasse, ou il avoit ouy dire
5 que les Muses habitoient, & y avoit une université florissante és Arts
liberaux, & bonnes disciplines, delibera d'y envoyer son fils, pensant
par ce moyen qu'il changeroit ses mœurs, & se peineroit plus à l'estude
qu'il n'avoit faict du passé, croyant que le dire d'Horace fust illusoire,
qui dict en ses termes. *Cœlum non animum mutant, qui transmare currunt.*
10 Et voulant effectuer sa deliberation y envoya deux de ses valets avec
Grangosier portans bonne somme d'or & d'argent, qui estoit un vray
passeport pour aller en ceste ville là. Car ceux qui ny en ont point,
y ont difficile acces, & se souvenant qu'on luy avoit dict que son
cousin le Capitaine Ragot demeuroit pour lors en icelle ville de Paris,
15 luy escrivit une lettre par laquelle il le prioit d'assister de sa faveur
son fils Grangosier, & qu'il lui enseignant le meilleur college, afin d'y
resider: mais Grangosier voulant avoir lecture de ceste missive, & voyant
ce point, dit à son pere qu'au lieu du meilleur college, il devoit mettre
le meilleur cabaret, puis prenant congé de tous ses parens, entreprit
20 le voyage avec ses deux serviteurs qui l'acompagnoient, & voyant qu'ils
ne le pourroient suivre les lia apres le cordon de son chapeau, ou estant
ne paroissoient non plus que des mouches, & chemina tant qu'en deux
jours il accomplit son voyage, qui estoit de dix mil lieuës, car à chasque
pas il faisoit trois lieuës et si se reposa plus de la moitié du temps:
25 & incontinent qu'il apperceut Paris, il commença à se resjouyr, & dit que
par tout ou il avoit passé il n'avoit point veu de si gros vilage, mais
parce qu'il estoit tard, les portes de la ville estoient desja fermees, & ne
luy voulut on ouvrir, ce que voyant passa par dessus les murailles qui pour
lors estoient bien hautes & fortes, puis en despit de ce qu'on ne luy avoit
30 voulu ouvrir les portes, abbatist les murailles de la ville, avec une demie
douzaine de pommes cuites, qu'il avoit en sa pochette, & depuis les habitans
de Paris n'en voulurent faire d'autres, craignans qu'il ne les abbatist
derrechef, sinon apres sa mort qu'ils en firent de petites & si peu
fortes qu'un enfant de trente ans, sauteroit facilement par dessus, &
35 les abbattroit d'un coup de pied s'il avoit la force de Grangosier.
Pour auquel retourner, faut que sçachez que tout le peuple de Paris
fust en grande allarme chacun fermant sa maison pensans qu'il les vint
tous tuer, en sorte qu'il ne pouvoit trouver aucun qui le voussist loger,
& voyant deux ou trois qui l'avoient refusé, abatist leurs maisons avec
40 coups de pieds: tellement que les autres craignans qu'il ne leur en prit

de mesmes, il y eut un Gentil-homme Monsieur de Couppejarrets, ayant
autresfois faict profession en Medecine, qui le pria de venir loger
en son hostel qui estoit fort spacieux, & y avoit une grande cour pour
l'y mettre, attendu qu'il ne pouvoit entrer dans une chambre, & lui
45 enseigna & bailla d'une herbe qui avoit telle proprieté, qu'elle faisoit
devenir petits ceux qui estoient trop grands en telle façon, & pour le
temps qu'ils desiroient, & par apres reprenoient leur grandeur accoustumee,
quand ils vouloient : dequoy fust fort joyeux Grangosier, veu qu'il
estoit tousjours contrainct de coucher parmy les champs, & en voulut
50 faire l'espreuve qu'il trouva estre veritable, car il devint tant petit
qu'il voulust, de sorte qu'il proposa de se frotter de ladite herbe,
quand il entreroit dedans les maisons, mais qu'estant dehors, reprendroit
sa hauteur accoustumee, si remercia grandement ce Gentil-homme, &
changeant de propos luy demanda s'il n'avoit point connoissance du
55 Captaine Ragot son cousin; qu'il desiroit fort de voir, & avoit des
lettres pour luy bailler : à quoy respondit le Gentil-homme qu'il ne
connoissoit autre, & qu'il l'avoit veu le mesme jour portant une besace
toute pleine de bricques, & que depuis peu il avoit gaigné une furieuse
bataille contre les morpions qu'il avoit tous mis à mort, & commanda à
60 son premier valet de chambre, qui estoit intendant de l'escumerie de
ses pots, qu'il allast querir à soupper le Capitaine Ragot, & luy dict
qu'il y avoit un jeune Prince de ses parens qui desiroit de parler à
luy. Ce qu'il fist, & l'amena avec luy, & estant arrivé aupres de
Grangosier, fust tout esmerveillé de voir un homme de telle stature,
65 pensant qu'on se mocquast de luy & que ce ne fust son parent : de quoi
Grangosier s'appercevant, le vint embrasser & accoller, & luy bailla la
missive que son pere lui envoyoit, par la teneur de laquelle il le
recogneut pour son parent, luy promit toute assistance & faveur, & qu'il
feroit tant envers ceux de sa compagnie qu'ils ne l'importuneroient
70 point lors qu'il yroit par les ruës, ains l'affranchiroient de leurs
rentes journalieres qu'ils reçoivent & recueillent d'un chacun de ceux
qui leur jettent quelque chose dedans leurs chapeaux ou escuelles,
s'excusant envers luy de ce que son logis estoit trop petit pour le
recevoir, & ce faict dirent tous ensemble qu'il estoit temps de travailler
75 des dents, & firent apporter leur souper, mais Grangosier voyant un si
petit appareil, ny ayant que six poules d'indes, douze chapons, six
espaules de veau, dix esclanches de mouton, huict jambons, quatorze oyes,
vingt deux canars, trente quatre perdrix, leur demanda si cela pourroit
suffire pour eux trois, veu qu'il ne feroit qu'un petit mourceau, &
80 une seulle bouchee de cela, ils dirent qu'ils ne pourroient tout manger,
& qu'il y avoit assez pour quarante personnes, dequoy se mocquant prist
& amassa toutes lesdictes viandes ensemble, & en leur presence n'en
fit qu'une seulle bouchee, & quand il y en eust mis douze fois autant
sa bouche n'eust esté pleine, dequoy esmerveillez les autres qui
85 enrageoient de faim, voyans qu'il ne leur restoit rien pour soupper, &
qu'il estoit trop tard pour en aller acheter, furent grandement faschez,
& se plaignoient de Grangosier, & luy au contraire se mescontentoit
d'eux, disant qu'ils l'appelloient à soupper pour le faire mourir de
faim, luy presentans une petite bouchee de viande, qui estoit une chose
90 qui ne s'estoit jamais veuë, estant la coustume par tout le monde de
manger plus de deux cens bouchees pour se rassassier, & que si ce n'eust

esté pour la courtoisie que le Gentil homme luy avoit faict de luy apprendre
la vertu de ceste herbe cy dessus declaree, il ne s'en yroit coucher sans
soupper, ains mangeroit tout son bestial qui estoit en grand nombre, en
95 ayant plein deux grandes escuries, cela les esmerveilla tellement qu'ils
n'osoient peter, mais le Capitaine Ragot fust aucunement joyeux d'avoir
veu telles merveilles de dents, & dict qu'il se garderoit bien de l'appeller
à disner le lendemain, comme il avoit proposé faire.

XII

Comme le lendemain Grangosier achepta tous les vivres qu'il trouva à
Paris, & du grand tumulte qui en arriva.

Le lendemain du grand matin avant que Phœbus eust allumé sa torche
ardente pour esclairer l'univers, l'appetit de Grangosier s'esveilla
aussi tost comme luy, à cause qu'il n'avoit presque rien soupé le soir
precedent, comme avez ouy cy dessus, & s'habilla en haste pour acheter
5 quelques fournitures pour garnir son grand repositoire de viandes,
sçachant bien que s'il demeuroit plus tart sans y aller il ni trouveroit
plus rien d'autant que la ville estoit si peuplée (comme elle est encores
de present) que combien qu'il y aborde & arrive des vivres de tous costez,
à grande peine peuvent ils suffire pour mettre en besogne tous les
10 habitans de la dicte ville. Et sans s'arrester d'avantage, s'en vint
par toutes les places publiques, & lieux accoustumez à vendre toutes
sortes de viandes, & acheta toutes celles qu'il peut trouver, qu'il
apporta dedans un coin de son manteau, & sçachant bien qu'ils ne
pourroient toutes entrer dedans son logis, enserra sur le champ la plus
15 grande partie en son grand buffet sans serrure : Puis combatist tellement
contre la faim par ce moyen qu'il se rendit vainqueur. Mais advint que
les habitans de ladicte ville, voyant qu'ils ne trouvoient aucuns vivres
à achepter, estoient tous esmerveillez, & ne sçavoient d'où pouvoit
provenir cela, disans n'avoir jamais veu telle chose mesmes és plus chers
20 temps? Si demanderent à ceux qui avoient accoustumé d'en vendre d'où
provenoit cela, qui tous respondirent que du grand matin se seroit
addressé à eux un grand homme, beaucoup plus haut que les tours de
l'Eglise nostre Dame, qui avoit luy seul acheté tout ce qu'ils avoient,
dont ils estoient esbahis, & ne sçavoient qu'il vouloit faire d'une si
25 grande quantité. Dequoy advertis, & quelqu'un d'eux l'ayant veu le soir
precedent, lors qu'il abbatit les murailles de la ville, & sçachant son
logis allerent faire leurs plaintes à la Justice, requerans qu'il fust
dechassé du Royaume, veu qu'il n'y avoit pas assez de bien pour le
nourrir luy seul, sur quoy fut ordonné que tous les habitans, tant de
30 la ville que des fauxbourgs s'assembleroient en armes, pour le tuer au
cas qu'il ne voulut vuider du Royaume; dequoy faite ils se mirent en
devoir, & estans garnis de leurs meilleures armes, allerent droit à
son logis pour le prendre. Mais lui entendant un grand tumulte, sortist
de son logis pour en sçavoir le subjet, ne se doutant de rien &
35 appercevant que tout le peuple se venoit jetter sur lui avec armes le
pensant assassiner se voyant ainsi prevenu, & n'avoir ny verge ny
baston entendant desja passer les coups d'arquebuses aupres de ses
oreilles, trouva un bon expedient : C'est qu'il touchoit les murailles,

& maisons, avec grands coups de pieds, & les faisoit tomber sur les
40 pauvres Parisiens, qui tomboient morts sur le pavé comme mouches. Alors
ceux qui restoient se voyans en pareil danger que les autres qui estoient
par terre en grand nombre, & en quantité de plus de vingt mil, se
prosternerent à genoux devant luy, & le prierent de cesser son effort,
& qu'en ce faisant ils luy bailleroient toute licence de demeurer en
45 leur ville, mesmes si les biens n'estoient suffisans pour le nourrir,
qu'ils lui bailleroient gages de cent mil escus par mois, ce qu'entendu
par lui accepta lesdits gages, & cessa sa violence les menassant de
raser & abbatre Paris, s'ils entreprenoient plus quelque chose contre
luy; parquoy puis apres il fust tellement craint & redouté, je pensois
50 dire radouté qu'il n'y avoit muet en tout le pays qui eust osé parler
à luy, tant on le craignoit.

XIII

*Comment Grangosier se mist en un college pour estudier, où il profita
tant qu'il obtint le degré de Docteur.*

Peu de temps apres ceste desconfiture de Parisiens cy dessus escrite,
Grangosier se recognoissant mieux de jour que de nuict proposa de se
renger à l'estude, & à ceste fin alla trouver Monsieur le capitaine
Ragot son cousin, afin de lui enseigner le plus fumeux, je pensois dire
5 fameux college de toute l'université, ce qu'il fist volontiers, & le
mena luy mesme au college d'Ignorance, duquel le Principal, nommé Monsieur
Indoctus estoit son compere, auquel il le recommanda & le pria de prendre
garde à ses comportemens ce qu'il promit, & dict qu'il estoit assez grand
pour apprendre, comme par effect il s'ensuivit par apres, car il se
10 rendoit tellement assidu à l'estude que chacun mois il alloit pour le
moins deux fois en classe prendre sa leçon, & avoit tousjours ceste
loüable coustume de laquelle il usoit en l'université de Peudestude :
sçavoir est de ne point ouvrir ses livres que bien rarement, afin de les
conserver & de n'y point faire d'aureilles, & trouva une subtilité fort
15 grande (de laquelle j'ay usé autresfois estudiant à Langres) qui estoit
qu'ayant un maistre qui avoit la veuë basse, devant lequel il avoit de
coustume reciter sa leçon par cœur en la maniere suivante : sçavoir est
qu'il tenoit sous son manteau son livre ouvert ou estoit escrite sa leçon,
qu'il y accommodoit si proprement qu'un aveugle n'y eust sceu prendre
20 garde, & quand c'estoit à son tour de dire sa leçon pour monstrer qu'il
la sçavoit par cœur, avoit un autre livre qu'il fermoit feignant que
ce fust celuy dans lequel estoit escrite sa leçon, qu'il tenoit en sa
main le haussant & monstrant appertement, puis baissant sa veuë sur
celuy qu'il tenoit soubs son manteau ou estoit sa leçon qu'il lisoit
25 facilement, & par ce moyen trompoit son maistre à cause qu'il croyoit
fermement qu'il l'eut recitee par cœur, puis qu'il avoit veu occultement son
livre fermé, car il avoit faict auparavant une ordonnance à cause qu'il avoit
plusieurs escolliers qui laissoient leurs livres ouverts afin de lire leurs
leçons, que nul ne seroit si hardi d'ouvrir ainsi son livre pour y lire, ains
30 que chacun seroit tenu pour monstrer qu'il sçavoit sa leçon par cœur,
d'exhiber & monstrer appertement son livre fermé, de sorte que voyant le
livre de Grangosier fermé, ne pensant qu'il en eust un autre ouvert soubs son

manteau, croyoit indubitablement qu'il sceust bien sa leçon, & tançoit
tous ses autres disciples, disant qu'ils n'apprenoient si bien que leur
35 compagnon Grangosier, lequel trompoit aussi d'autre façon le maistre,
c'est que quand il sçavoit avoir commis quelque faute, & craignoit d'estre
foüetté, il chaussoit des cannessons de fustaine blanche soubs son haut
de chausse, tellement que son maistre le voulant foüetter, luy commandoit
de mettre bas le haut de chausses. Ce qu'il faisoit promptement, & estant
40 ainsi avallé son maistre touchoit sur le calesson, pensant que ce fussent
ses fesses, & lui feignoit de pleurer, pour monstrer la douleur qu'avoit
enduré son calesson pour luy : puis se voyant eschapé,par ce moyen il
remercioit son calesson qui avoit esté cause de son bien à l'imitation
d'un certain Senateur Romain, du nom duquel je ne me souviens, parce que
45 je l'ay oublié, qui voulant aller disner en une maison ou tous les autres
Senateurs alloient, advint que luy n'ayant que sa meschante robbe, qui
estoit toute deschiree, vint heurter à la porte de ceste maison, pensant
y venir disner, mais incontinent qu'on l'apperceust en tel estat, on
luy ferma la porte au nez : Dequoy indigné ce Senateur s'en alla en son
50 logis vestir sa plus belle robbe, & ses plus precieux habillemens, & ce
faict vint derrechef heurter à la porte de ceste maison, disant qu'il y
venoit disner comme ses compagnons : alors on luy fist de grandes
reverences & le pria on d'entrer, en disant qu'il estoit le bien venu.
Dequoy fort content alla disner avec les autres, mais quand le travail
55 des dents fut cessé & qu'on eust deschargé la table de tout ce qui estoit
dessus, tous remercierent le maistre de ceste maison de les avoir si bien
traictés (excepté luy) qui devestit sa robe en la presence de la
compagnie, & estant devant elle, dict qu'il la remercioit de ce qu'elle
luy avoit si bien baillé à disner. Dequoy esmerveillez les assistans
60 l'interogerent à quelle raison il faisoit cela, lequel leur dict qu'estant
voulu venir disner, habillé d'une meschante robbe : on l'avoit repoussé
& refusé la porte, & qu'ayant veu cela, il seroit retourné en son logis
prendre sa bonne robbe, & seroit venu derrechef heurter à la porte de ce
logis, & qu'apres qu'on l'auroit veu ainsi habillé on luy auroit fait
65 beaucoup d'honneur & prié d'entrer, tellement que par ce moyen il n'avoit
pas tort de remercier ainsi sa robbe, veu que c'estoit elle qui luy
avoit baillé à disner. Ce qu'entendu par les assistans, dirent que
ceste la valloit quinze, & loüerent grandement le gros vilain esprit de
ce Senateur. Mais pour retourner à nostre Grangosier, faut que sçachiez
70 qu'estudiant en la façon cy dessus narree, il devint tellement sçavant,
qu'en moins de dix ans apres, il fust receu Docteur en la tres-renommee
faculté d'ignorance, en laquelle il surpassa tous les plus doctes de son
temps, & luy en furent delivrees ses lettres, la teneur desquelles est
inserree au chapitre subsequent en une lettre qu'il envoye à son pere.

XIIII

Comment Grangosier receut nouvelles de son pere comme sa mere estoit
morte, dont il en fust joyeusement fasché, & comme il rescrit à son
pere du sçavoir qu'il avoit acquis à Paris, & pour preuve luy envoya
copie de ses lettres de Docteur.

Un jour comme Grangosier se pourmenoit sur le pont Nostre Dame de Paris,
proche la place aux veaux, comme il avoit de coustume, ne craignant les
couppe-bourses ny osteurs de manteau plus la nuict que le jour, attendu
que les coupeurs de bourse, bien qu'ils eussent esté montez sur une
5 haute eschelle n'eussent peu aveindre à sa bourse qui pendoit à
descouvert apres sa ceinture, ny les osteurs de manteaux, bien qu'ils
eussent esté dix mil ensemble, & qu'il leur eust voulu laisser prendre
son manteau ne l'eussent peu porter, ny trainer tant il estoit pesant :
advint qu'en se pourmenant ainsi il apperceut & recogneut un des
10 serviteurs du Roy Trousseviande son pere, qui pareillement le recogneut
& luy bailla une missive que son pere luy envoyoit par laquelle entre
autres choses il l'advertissoit de la mort soudaine de sa mere qui
s'estoit estranglee en mangeant une poire cuite fricassee au beurre verd,
& que partant & attendu que son nepveu Avalevin se promettoit d'usurper
15 le Royaume apres sa mort, disant que Grangosier n'estoit son fils
legitime, & pour ceste cause inhabile à succeder, il vint habilement
aupres de lui, attendu son vieil aage, afin de remedier à tel accident,
lui recommandant sur toutes choses l'estude qu'il estimoit plus qu'un
Royaume sans revenu. Grangosier ayant faict lecture de ceste missive,
20 y voulut faire responce, & escrivit une missive, dont la teneur ensuit:

     Mon tres radouté, dis je redouté, Seigneur & pere, j'ay receu vos
lettres, qui m'ont apporté un grand contentement d'esprit, pour avoir
recognu par icelles le bon portement de ma mere d'estre allee voyager au
dela de la mer, mais j'ay esté fasché de ce que ne l'avez accompagnee en
25 son voyage, & qui pis est, avez permis qu'elle entreprenne ce long
voyage, à pied, & n'avez eu l'esprit de lui bailler un cheval, ou à tout
le moins de la faire accompagner par quelqu'un estant certain qu'estant
ainsi seulle elle se fourvoyra, & jamais ne la reverrons & que Pluton la
retiendra prisonniere puis qu'il n'y aura personne avec elle pour y
30 faire resistance. Mais puis qu'ainsi est, je prie à Dieu qu'il luy
vueille donner bonne & longue vie, & qu'il vous vueille bien tost delivrer
de la captivité de ce monde, & vous envoyer boire au fleuve d'Acheron,
afin de vous garir de vos maux. Quand à ce que m'escrivez que vostre
nepveu Avallevin me menasse de me priver du Royaume apres l'entreprise
35 de ce voyage que desirez bien tost faire, je l'en empescherai bien, &
voudrois que l'occasion se fust desja presentee, bien que ce que j'en
dis n'est pas que je desire vostre mort, mais seullement voudrois que
fussiez privé de la vie : je me delecte fort en ceste ville, au
commencement de mon arrivee, comme les habitans me vouloient empescher
40 d'y demeurer, je les surmontay tous, en sorte qu'ils ont esté contraints
me bailler cent mil escus de gages par mois, & me craignent plus qu'ils
ne m'ayment. Pour le regard du proffit que je fais aux estudes, faut
que sçachiez que par l'adresse du capitaine Ragot vostre cousin, j'ay

estudié avec telle assiduité & promptitude d'esprit, que je me suis fait
45 recevoir Docteur, & pour vous en faire apparoir, je vous envoye les lettres
que j'en ay obtenuës, dont la teneur ensuit:

A tous aveugles qui ces presentes lettres verront. A tous sourds
qui les entendront & à tous muets qui d'icelles parler voudront. Soit
notoire & manifeste, que pardevant nous tous les Docteurs de l'indocte
50 faculté d'ignorance, assemblez en nostre auditoire ignorential sis à
Paris en l'une des ruës de ladicte ville, ou pend pour enseigne l'image
S. Nullus, Est comparu tres haut, tres-puissant & tres impudent Prince,
le Seigneur Grangosier, fils unique du Roy de Veautuerie, Duc de
Nulleprovince, & gouverneur pour son ventre au chasteau de ses dents,
55 lequel nous a dict & remonstré que pour plusieurs considerations, &
principallement à cause que nostredite faculté d'ignorance, est la plus
ancienne & plus estimee de toutes les autres, mesmement qu'il y a
beaucoup plus grand nombre de personnes qui la suivent plustot que
toutes autres sciences, qu'à cest effect il nous avoit fait assembler
60 presentement, en nostredit auditoire, situé au lieu susdict, afin qu'il
nous pleust l'interroger, & examiner sur tous les plus indoctes points
de nostre science, pour estre par nous receu Docteur en nostre
communauté, apres qu'il nous aura faict apparoir son incapacité. Pour
à quoi parvenir nous a premierement exhibé ses lettres de maistres és
65 asnes, en bonne & vallable forme, signees, *insanus asinorum præfectus*
& scellees *in cera invisibili,* ensemble un certificat de Monsieur Nemo,
premier Philosophe loyal de l'université de Peudestudes, par lequel
certificat appert de sa grande insuffisance, & comme il a parachevé son
cours en toute folie depuis long temps. Sur quoy & apres qu'il nous a
70 esté occultement apparu de ce que dict est, & apres l'avoir par nous
tres-ignoramment interrogé & examiné, & qu'il nous a tres-indoctement
respondu, sans faillir en un seul poinct sur les choses desquelles ne
l'avons interrogé. Avons tous d'un accord dict & disons que ledit
seigneur Grangosier, attendu sa grande insuffisance & incapacité, doit
75 estre receu docteur en nostre faculté d'ignorance, & lequel des maintenant
y avons receu & recevons, comme en estant capable. Et lui avons permis
d'user & jouir de tous les privileges qui sont attribuez à ceux de
nostredite societé, mesmes de porter les habillements tels qu'elle a
accoustumé, sçavoir un bonnet carré verd de la hauteur seullement de dix
80 pieds, pour esviter au scandale qui en pourroit advenir s'il le portoit
plus hault, avec la soutane de satin jaune, duquel se vestent ordinairement
les bergers, mesmes de porter sur iceux habillements du passement que
les cordiers ont accoustumé faire pour des cordes de puits, & de la
mesme grosseur, pourveu qu'il n'en porte point davantage de soixante
85 aulnes sur lesdicts habillements, sans qu'il en puisse estre repris en
aucune façon par les muets : ny mocqué par les aveugles, sur peine à
iceux sçavoir ausdicts muets de ne plus parler, & ausdicts aveugles de
ne plus voir. Et enjoint à tous escureurs de retraicts, pallefreniers,
charcutiers, crocheteurs, vendeuses d'herbes, arracheurs de dents,
90 fourbisseurs, savetiers, tripieres rotisseurs, crieurs de poudre pour
faire mourir les rats & les souris, vendeurs de grez, chauderonniers,
maquignons & revendeurs de chevaux bleuds, venderesses des harens en vie,
crieurs d'allumettes, vinaigriers, vendeurs de moustarde, porteurs d'eau,
vendeurs & venderesses de noir à noircir, & à tous autres de semblable

95 qualité, qu'ils ayent à porter audict Seigneur Grangosier, tel respect
comme ils feroient & sont tenus faire à leurs propres serviteurs, sur
peine d'encourir l'amende, en laquelle sont condamnez tous ceux qui
mangent du pain sans en avoir, & qui s'ennyvrent de boire de l'eau. Et
pareillement avons enjoinct à nostre greffier d'enregistrer les presentes
100 au greffe de la reception des Docteurs de nostre communauté, pour y
avoir recours, si quelqu'un doutoit de l'incapacité dudit seigneur
Grangosier. En foi & tesmoignage dequoy avons fait sceller les presentes
de nostre grand sceau acoustumé, & icelles fait signer par nostre
greffier les an & jour qu'elles furent faictes, és presences de ignoble
105 homme, Guillaume Plumepoire, maistre vendeur de noir à noircir, &
Thibaut Tournebroche, maistre vendeur d'allumettes demourans à Paris
logez en l'hostel Dieu, & plusieurs aumoins qui ont promis signer ces
presentes dans mil ans prochainement & esloignement venans s'ils sont
en vie, signees indoctus greffier, & scellees en cire rouge, ou jaune,
110 ou blanche, ou verte.

Lesquelles lettres furent portees à son pere Trousseviande, qui
recognoissant par icelles son fils estre devenu lourdement sçavant, en
fust plus joyeux qu'il n'estoit pas du trespas de sa femme.

XV

*Comment Grangosier avoit pris l'Eglise de nostre Dame de Paris, l'ayant
cachee soubs son manteau en intention de la transporter en son pays, &
comme il fust descouvert par un crocheteur qui l'en empescha, & quel
tort il fist à tous les crocheteurs à cause de cela.*

Il est certain qu'en tous les vilages du monde, & en ceux qui sont situez
dix lieüs par dela, ne se trouve aucune Eglise digne d'estre comparee
à l'Eglise nostre Dame de Paris, tant pour sa belle magnificence structure
& hauteur, que pour ses richesses. Ce que bien considerant Grangosier
5 qui desiroit de s'en retourner en bref au Royaume de Veautuerie aupres
du Roy Trousseviande son pere, pour le soulager en sa vieillesse, & pour
luy succeder comme son fils unicque, & sçachant qu'en tout ce Royaume ny
avoit aucune belle Eglise, ou autre beau & superbe edifice, & taschant
d'y en porter quelque beau à son retour, afin de par ce moyen s'acquerir
10 du renom, apres avoir bien consideré tous les plus beaux & plus rares
bastimens de la France, n'en trouva pont qui luy agreat d'avantage que
ladite Eglise de nostre Dame, s'y excogita en luy mesme les moyens de
la pouvoir attraper, veu qu'il y avoit tousjours grande multitude de
peuple aupres, & sur ce prit resolution d'y aller de grand matin, afin
15 de n'estre apperceu d'aucun aveugle. Ce qu'il fist, car il se leva un
jour entre autres de tresgrand matin, & pour executer son entreprinse,
s'en alla droict à ladicte Eglise, ou estant regarda de costé & d'autre,
& ne voyant personne qui l'apperceut, enleva subitement ladicte Eglise,
& la mit soubs son manteau, & l'avoit desja transportee jusques au
20 marché neuf, ou estant fut descouvert par un crocheteur qui le cognoissoit,
& sçavoit quel homme c'estoit, lequel voyant que Grangosier portoit
quelque chose sous son manteau qui ne s'estoit peu toutesfois imaginer

qu'elle chose ce pouvoit estre, s'il n'eut regardé devant ses yeux, la
place vuide ou souloit estre ladite Eglise : Et alors recognoissant tel
25 sacrilege, commença à crier à haute voix, au volleur, & appella le peuple
à son secours, qui y accourut incontinent avec armes, & contraignit par
force Grangosier de reporter ladicte Eglise en sa place, & dela en avant
les Parisiens craignans qu'il ne leur ravisse une autrefois ceste tant
magnifique Eglise, firent faire à l'entree d'icelle un sainct Christofle
30 en bonne & grosse forme, & tel qu'il s'y voit encores de present, afin
d'espouventer ceux qui la voudroient enlever & emporter, & par mesme
moyen firent faire aupres du cœur maistre Pierre du Coignet qu'ils
firent fort petit & le mirent en un petit coin si bien caché, que les
aveugles ne s'en eussent peu appercevoir, afin de prendre garde & regarder
35 si quelqu'un viendroit pour prendre ladicte Eglise, ou les richesses &
ornements d'icelle. Desquelles sainct Christofle & maistre Pierre du
Coignet auroient faict telle garde & vigilance, que depuis n'en est
devenu faute.

Mais pour reprendre nostre discours de Grangosier, luy se voyant
40 estre frustré de son entreprinse, par le moyen d'un crocheteur, fust
tellement indigné contre tous ceux de ceste profession, qu'il delibera
de s'en venger sur tous en general, par le moyen suivant, c'est qu'il
s'habilla en crocheteur, achepta & fist faire de crochets qui avoient
deux cens pieds de longueur, puis s'en alla à la Greve, sur les basteaux
45 de bois qui estoient à vendre, ou estant apperceu, un homme ayant acheté
dix cordes de bois qui marchandoit à cinquante crocheteurs, combien il
leur bailleroit pour porter ce bois jusques en son logis, qui tous d'un
accord demandoient dix francs, ce qu'oyant, se tire pres de cest homme,
& dit qu'il porteroit tout ce bois pour cinq sols, dequoy l'autre fust
50 bien aise, & promit outre les cinq sols de le bien faire boire, le prix
estant ainsi faict, Grangosier print en une seulle fois, avec les deux
mains, toutes les dix cordes de bois les mist sur ses crochets, & les
emporta au logis de cest homme. Dequoy bien esmerveillez tous les
assistans en advertirent tout le peuple qui par apres, ne voulut prendre
55 autres crocheteurs que luy, trouvoit que c'estoit son proffit, &
allegement, en sorte que tous les pauvres crocheteurs ne furent plus mis
en besongne & estoient contraincts mandier leur vie, & firent actionner
Grangosier pardevant Monsieur maistre Humebroüet de la cuisine, licentié
en l'ignorance des loix, conservateur des privileges des crocheteurs de
60 France, pardevant lequel il comparut, & demanda son renvoy pardevant son
juge ordinaire au Royaume de Veautuerie, soustenant n'estre tenu de
respondre pardevant ledict conservateur, & en allega la raison, qui est
telle que, *Actor sequitur forum rei*, protestant qu'au cas qu'il fut passé
outre par ledit Conservateur au prejudice de ses deffences, d'en appeller
65 comme d'abus en la Cour de Parlement de Nulle jurisdiction, & de le
prendre à partie en son propre & privé nom, quoy nonobstant fut debouté
de son pretendu renvoy, les crocheteurs reyntegrez en l'exercice de leur
vacation, & deffences à luy de se mesler à l'advenir de telle profession
& de les inquieter à peine de cinq cens livres parisis d'amende &
70 condampné en tous leurs despens, dommages & interests, la taxe reservee
en diffinitif de ce monde, & ce nonobstant opposition ny appellation,
dont il appella comme d'abus, en ladicte Cour de Nulle jurisdiction, ou
la sentence fust confirmee, & luy condamné és despens de sa bouche qu'il

avoit faict pendant l'appel. Depuis lequel temps les crocheteurs,
75 l'auroient tellement craint & redouté, que depuis peu un d'iceux ayant
ouy crier par les ruës à un Portepanier de livres, disant à haute voix
l'intitulation de ce present livre, qui est telle. *Rabelais Ressuscité.*
Recitant les faicts & comportemens du tres-valeureux Grangosier Roy de
Place vuide, alla incontinent advertir ses compagnons, & leur dict qu'il
80 avoit veu vendre un livre, faisant mention que leur ennemi Grangosier
estoit ressuscité, & qu'il failloit bien prendre garde à eux : car si
ainsi estoit, qu'il leur osteroit leur vie, & leur donneroit d'un
mauvais party, pareil à celuy dont il avoit usé en leur endroict,
auparavant qu'ils eussent eu jugement contre luy & qu'à present ils
85 n'avoient point de Conservateur : tellement que Grangosier feroit tout
ce qu'il voudroit contre eux. Lesquels sur cest advis à eux donné, firent
une assemblee generalle de leur communauté, ou apres plusieurs conferences
& entredebats de verres, fust convenu qu'ils useroient de la finesse
suivante. Sçavoir est, qu'ils presenteroient requeste à Messieurs de la
90 ville, par laquelle ils remonstreroient avoir esté advertis que Grangosier
celui qui autrefois avoit voulu desrobber & emporter l'Eglise nostre
Dame soubs son manteau, en quoy il fut empesché par un de leur communauté,
estoit maintenant vivant & ressuscité, & lequel pourroit encores avoir
ce mauvais dessein empreint dans l'ame, nonobstant toute telle garde &
95 vigilance que pourroient faire sainct Christofle & Maistre Pierre du
Coignet commis pour la garde d'icelle Eglise. Lesquels à cause dit long
temps qui s'est escoulé sans avoir ouy parler de Grangosier, ne croyans
qu'il puisse ressusciter s'endorment, & laissent la icelle Eglise à
l'abandon, & en pleine voye d'un chacun, & laquelle à tout le moins ils
100 devroient enfermer dans une boiste. Pour à quoy obvier & faire en sorte
qu'iceluy Grangosier ne soit si hardy de vouloir mettre telle mauvaise
entreprise à execution, ils offriroient pour le soin qu'ils ont de la
conservation d'icelle Eglise que l'un de leur compagnie le plus constant
& immobile se mettroit sur le pont neuf, au dessus de la Samaritaine,
105 assis sur une grosse cloche, qui pour cest effect y seroit mise & dressee,
ayant le visage tourné vers ladicte Eglise garny de son bonnet, ou il y
auroit une plume dessus, pour signifier qu'il est bien des oiseaux &
Cocus ceste annee icy : Et outre ce auroit ses crochets derriere son dos,
qui sont les vrayes armoiries d'iceux Cocus, pour en ceste maniere
110 espouventer iceluy Grangosier, & empescher qu'il ne puisse emporter
ladicte Eglise : Et que pour plus facilement obtenir à leurs pretensions,
ils remonstreroient qu'il n'y seroit inutile, tant pour tenir compagnie
à la Samaritaine, que pour sonner les heures, afin d'advertir ceux de
leur Société quand il seroit temps d'aller boire : comme aussi pour leur
115 servir de Conservateur de leurs privileges, & Reformateur de leurs
desordres, estant la place en lieu bien commode pour mettre ordre à
leurs differends qui se formeront à l'escolle sur les bateaux de bois,
& lequel aussi pourroit estendre sa veuë jusques à la Greve, afin de
prendre garde à ceux de ladicte communauté qui exercent leur vacation
120 en icelle place, & qu'estant ainsi placé en lieu si hault & apparent il
pourroit empescher Grangosier en toutes ses entreprises, ce qui le
contraindroit de quitter : Parce se voyant ainsi brave par un de ses
ennemis, & qu'on ne seroit aucunement en peine pour son vivre & nourriture,
d'autant qu'il se contenteroit à humer le vent, & se rassasieroit de la
125 seulle veuë & contemplation de la marchandise des fruictieres & harangeres

qui seroient devant luy. Conformement à laquelle resolution par eux prise
presenterent une requeste narratifve de tous les poincts dessus dicts.
En consequence de laquelle il leur fust permis de faire installer tel
qu'ils voudroient de leur compagnie, & qu'ils jugeroient à ce capable au
130 dessus de la Samaritaine sur une cloche qui y seroit dressee, à la
charge de s'y tenir assiduement, & de respondre en son propre & privé
nom de ladicte Eglise, au cas qu'il en vint faute, & de sonner aux
heures precises sans s'endormir, à condition aussi de ne troubler la
Samaritaine en la possession de son puits & eau qui y provient & de
135 prendre garde de ne laisser tomber le marteau de sa cloche qu'il tiendra
entre ses jambes sur la teste d'icelle Samaritaine, sur peine de deposition
& privation de sa place avec permission audict cas à la Samaritaine de
le jetter dans son puits, pour luy faire aller ramasser les costraicts
qui sont au fonds d'iceluy, & y pescher des huistres à l'escaille pour
140 vendre le jour de Caresme prenant. Laquelle permission leur estant ainsi
donnee, commirent un d'entre eux, nommé Jacquemart, homme de grande
constance & invariable en toutes ses actions pour estre establi en icelle
place, & convindrent de luy faire faire un habit neuf, parce qu'il
falloit qu'il demeurast la long temps, & à cause que les tailleurs ne
145 font aucuns habits de longue duree, qu'il falloit bailler à faire cest
habit à un sculptur, demeurant ruë sainct Martin qui a ceste addresse de
faire des habits qui durent plus de cent ans, sans pour ce faire user
de fil, d'esguille, ny ciseaux: Ce qui fust executé, car iceluy sculptur
lui auroit faict un haut de chausses rouge, un pourpoinct verd, & un
150 colletin de drap de forest d'une bonne teinture, à l'espreuve de la
pluye & gresle, & combien qu'il ait fourny d'estoffe, n'a pas tant pris
en tout, qu'eust faict un tailleur pour une simple façon d'habit, tant
il est homme de bien loin: Puis iceluy maistre Jacquemart estant ainsi
habillé, auroit pris possession de ladicte place en presence de plusieurs
155 personnes, à laquelle possession nul ne s'est opposé, chacun le jugeant
digne d'obtenir ceste haute place ou il est instalé à la veuë & contentement
des spectateurs, se gouvernant si bien en sa charge, que plusieurs
personnes, mesmes de grands Seigneurs aucunefois se destournent d'un
quart de lieuë pour le venir voir. Pour ausquels complaire & les advertir
160 avec son marteau de l'heure qu'il est, ne bouge aucunement de ladicte
place quelque fascheux temps qu'il face, ne s'y ennuyant en aucune façon,
à cause qu'il a tousjours bonne compagne aupres de lui, dont ses confraires
les crocheteurs sont si aises, voyans l'honneur qu'on luy faict, que chacun
d'eux boit chopine de vin par jour davantage qu'il ne faisoit il y a deux
165 ans, bien que le vin fust pour lors en plus grande estime qu'il n'est.

XVI

*Comme Grangosier ayant esté adverti de la mort de son pere, partit de
Paris pour s'aller installer au Royaume, & comme il y fut empesché par
son cousin Avallevin, & du procez qu'ils eurent ensemble.*

Peu de temps apres que Grangosier fust condemné, comme dict est, envers
les crocheteurs, il receut nouvelles que le Roy Trousseviande son pere
estoit allé rendre compte de sa vie en l'autre monde, dequoy il fust
joyeusement fasché, & ne se pouvoit tenir de rire à toutes heures.

5 Toutesfois & afin que le monde ne s'en apperceut, trouva un bon moyen,
c'est qu'auparavant on n'avoit point accoustumé de porter le dueil quand
les parens mouroient, & les heritiers estant bien joyeux ne se pouvoient
abstenir de rire devant le peuple, mesmes és Eglises dont prouvenoit un
grand scandal, luy pour empescher qu'il ne fist comme les autres, se fist
10 faire une grande robbe verde, en laquelle y avoit un grand capuchon qui
luy couvroit toute la teste & le visage, tellement qu'il pouvoit rire à
son aise, sans que personne l'apperceut, à l'imitation duquel on a
tousjours fait de mesme en la France, & principallement à Paris, hormis
qu'à present telles robes se font de noir & non de verd, on luy attribuë
15 aussi l'invention des cappes qu'il enseigna à une veufve d'un vieillard,
qui se plaignoit à luy de ce qu'elle ne se pouvoit contenir de rire devant
le monde, tant elle estoit aise de la mort de son vieillard mary qui ne
la pouvoit contenter, luy remonstrant que par ce moyen elle pourroit rire
à gorge desployee, sans qu'on s'en apperceust. Estant doncques habillé
20 de dueil en la façon cy dessus narree, partit incontinent de Paris pour
retourner en son Royaume, & expulser l'illegitime usurpateur d'iceluy,
& tant chemina qu'il y fust en vingt-quatre heures, ou estant vist qu'on
ne le vouloit recognoistre pour Roy, d'autant que son cousin Avallevin
s'estoit emparé de la Couronne, dont il fut tristement resjouy, & excogita
25 en soy mesme les moyens qu'il pourroit tenir pour y parvenir, & n'en peut
trouver de meilleur que de se pourvoir par justice, ce qu'il effectua &
fist assigner ledit Avallevin pardevant le conservateur des quenoüilles
des femmes de Veautuerie, pour se voir condamner à remettre la Couronne
entre ses mains, comme fils unique du Roy deffunt, & de luy rendre tous
30 les proffits qu'il en avoit perceu, à laquelle assignation le Roy
Avallevin comparust: & remonstra que lui estant nepveu legitime du feu
Roy Trousseviande, n'ayant laissé qu'un bastard nommé Grangosier, il
estoit sans doute qu'il avoit legitimement esté couronné, & y devoit
estre maintenu, & que pour faire apparoir de son dire, il offroit prouver
35 qu'un nommé Foüilletrou estoit le pere de Grangosier, & que le Roy
Trousseviande son pere n'auroit peu avoir aucuns enfans avec sa femme,
tellement qu'il auroit pris pour son substitut iceluy Foüilletrou, lequel
auroit si bien travaillé qu'en peu de temps il auroit rendu la Roine
grosse & enceinte dudit Grangosier pretendant à la Couronne, luy au
40 contraire dict que quand bien il n'eust esté legitime, le seigneur
Avallevin devoit du vivant du Roy Trousseviande debattre sa legitimation,
& qu'à present il n'y estoit recevable que neantmoins pour monstrer
occultement, je pensois dire occulairement qu'il estoit legitime, il
requeroit à ce que le Medecin Foüilletrou & sa mere qui estoit au pays
45 d'outre mer fussent interrogez ensemblement sur ce faict, & à ceste
cause demandoit delay de quinzaine apres la fin du monde pour faire
venir sa mere, attendu la distance des lieux, soustenant que pendant
ledit temps il devoit jouyr du Royaume, le contraire dequoi ayant esté
soustenu par Avallevin, & empesché ledict delay comme trop long &
50 irraisonnable, ledict sieur Conservateur, debouta Grangosier de sa
demande, le condamna és despens, & ordonna que le seigneur Avallevin y
seroit maintenu, comme plus habile à succeder, dequoi Grangosier se
porta pour appellant en la Cour du celeste manoir, & demanda delay du
lendemain de sa mort pour obtenir son relief d'appel qui luy fut octroyé,
55 & ledict delay expiré faute de relever son appel en fust forclos, comme
aussi du Royaume. Mais il fut si desplaisant de ceste sentence se voyant

ainsi debouté de sa pretention qu'il ne voulut demeurer là davantage,
ains delibera de venir derrechef humer de l'air de la France, mais avant
que ce faire pour se venger de l'injure à luy faicte par son cousin
60 Avallevin, print & apporta soubs son manteau le Palais d'icelui, & toutes
les richesses qui y estoient, & mangea tout le bestial du pays, en sorte
qu'il le rendit pauvre & necessiteux, & sçachant que les maisons estoient
bien cheres à Paris, y apporta ledit Palais, & le placea aupres le pont
au change, qui est le Palais qu'on voit encores pour le jour d'hui à
65 Paris, oû se tient le Parlement, qui est une place ou les bastimens sont
plus chers que en tout autre quartier de la ville, dont il en tira grande
quantité de deniers. Car le Roy de France, qui regnoit pour lors, voyant
qu'il n'avoit point de si beau & magnifique bastiment en tout son Royaume
que celui là, l'acheta de Grangosier, & lui en bailla huict cents mil
70 escus, & le fist le premier Auditeur des Comptes & fables des femmes de
son Royaume. Et depuis y fist sa residence, comme ont fait plusieurs de
ses successeurs, toutesfois pour le present ils l'ont dedié pour y tenir
leur Cour de Parlement, de façon que la France est beaucoup obligee à
Grangosier de luy avoir apporté un si superbe bastiment que tout le monde
75 admire, & plusieurs ignorans ne peuvent croire que ce soit luy qui l'y
ait apporté, d'autant que par les Annales & Chroniques de France n'en
est faite aucune mention, ce qu'ils doivent neantmoins fermement croire,
si mendacium fiat veritas.

XVII

*Comment le Roy de Placevuide envoya querir Grangosier à son secours,
estant assiegé par les Frantaupins, avec promesse de luy bailler sa
fille unique en mariage, s'il avoit victoire contre eux: ce qu'estant
advenu, effectua sa promesse, & fist passer le contract de mariage.*

Incontinent que Grangosier fust de retour en France, il receut lettres
de Happebran, Roy de Placevuide, par lesquelles il le prioit de le venir
secourir à l'encontre des Francstaupins qui le tenoient assiegé, & se
vouloient emparer de son Royaume, lesquelles lettres leuës par lui, &
5 voyant la belle offre qu'on lui faisoit, se prepara aussi tost pour
l'aller secourir, & pour toutes armes ne prist que plein son chapeau de
noyeaux de cerises, & estant ainsi armé s'en alla droict au Royaume de
Placevuide, six lieuës proche la ville de Nullieu, qui estoit la ville
capitale dudit Royaume, devant laquelle estoit le siege, & appercevant
10 les ennemis depuis ladite distance de six lieuës qui estoient prests
d'obtenir victoire, & de s'emparer de la ville, il commença à leur jetter
avec grande roideur lesdicts noyeaux, en sorte qu'il les faisoit tomber
par terre drus comme mouches, & d'un seul noyau en tuoit douze à la fois,
& eux ne sçavoient d'où cela provenoit, pensans que ce fust Jupiter qui
15 leur ruast du Ciel. Tellement qu'en moins d'un cart d'heure il les mist
tous à mort, combien qu'ils fussent au nombre de quatre cents mil
personnes, tant hommes que femmes d'autant qu'en ce temps là les femmes
alloient à la guerre, aux mousches avec leurs quenoüilles & estoient
bien vaillantes au combat de la couche, comme encores de present il s'en
20 trouve qui en ce combat surmonteroient en proüesse trente hommes, tant

elles y sont experimentees. Ayant donc faict telle desconfiture
advança chemin jusques aupres du Roi qui ne sçavoit d'où luy
estoit venu ce secours, pensant que Juppiter en fust l'autheur:
Auquel Grangosier fist entendre que c'estoit luy, & luy racompta
25 tout ce qui s'en estoit passé, dequoy le Roy fust si joyeux qu'il
fit venir sa fille devant Grangosier, & les fit accorder ensemble,
& passerent un contract de mariage en la forme suivante :

Pardevant les Notaires Ruraux en la Prevosté de Nullieu,
furent presens en leurs personnes, haut & puissant Prince messire
30 Grangosier croquedent, fils de feu le tres-honoré Roy de Veautuerie,
Duc de Nulleprovince, gouverneur pour son ventre au chasteau de
ses dents, & premier Auditeur des comptes & fables du Royaume de
France, assisté de ignoble & vilaine personne Chastremouche Ragot
gouverneur du regiment des gueux de la France, & capitaine de
35 cinquante mil poux, & autant de morpions des armees generalles de
ses chausses, & de maistre Malencontre Fleure estron, distributeur
general des poudres pour faire mourir les rats & les souris ses
cousins d'une part.

Et tres venimeuse dame Robinette de Chastrepoulles, Duchesse
40 de Mottecreuse, fille du tres-renommé & tres vaillant Prince au
combat des dents Hapebran le Chastrepoules, Roi de Placevuide,
veufve par discontinuation d'habitation de quinze hommes qui ont
esté ses maris empruntez, pour suppleer au deffaut de son futur mary,
auquel ils ont preparé le chemin, desquels elle n'a eu seullement
45 que deux enfans, l'un desquels est encores vivant, assistee dudit
seigneur Roy son pere, & de maistre fricassard Boutetoutcuire,
premier Ambassadeur d'amour dudit Royaume, & Secretaire des finances
de son Espargne, oncle maternel de ladite dame Duchesse d'autre
part. Lesquelles parties, sçavoir ledict seigneur Grangosier,
50 & ladite dame Duchesse de Mottecreuse, de l'advis & consentement de
leurs parens cy dessus desnommez, estans bien seins de corps,
comme ils ont declaré, & est apparu aux notaires soubs-signez,
bien que troublez d'esprit, de leur bon ou mauvais gré, sur ce
conseillez, advisez & deliberez, si comme ils dirent & recogneurent
55 mesmes ladicte dame Duchesse, qui a dict en avoir demandé conseil
à tous les sourds, & muets de sa cognoissance, se sont promis &
promettent prendre l'un l'autre par mariage, si le Dieu Cupidon,
eux & leurs parens & amis s'y accordent, le plus tard que bonnement
faire ce pourra, & qu'il sera advisé & deliberé entre eux par le
60 conseil desdicts sourds & muets, & de leurs parens & amis trespassez :
Et promettent apporter l'un à l'autre tous les biens, meubles &
immeubles qui de present leur appartiennent sçavoir audict seigneur
Grangosier és païs d'Arabie, Moscovie & de Veautuerie, & à ladicte
Dame Duchesse de Mottecreuse és Royaume de Malangeance, de baverie &
65 de Placevuide & outre ceux de son Duché de Mottecreuse qu'elle consent
estre commun audict seigneur Grangosier son futur espoux, à la charge
d'en bien cultiver les terres, & ne les laisser en friche, pendant le
temps qu'ils seront conjoints ensemble par separation de mariage : En
faveur duquel ledict seigneur Roi Happebran, pere de sa fille a promis

70   de payer & bailler ausdicts futurs espoux, la somme de six cens mil livres,
moins deux cens mil escus: asçavoir dès maintenant, la somme de trois cens
mil livres, sauf à rabbatre cent mil escus, & le reste montant à pareille
somme dans le lendemain de leurs nopces. Comme aussi leur a promis bailler
les meubles cy apres declarez: asçavoir un beau chappeau tout neuf, ou peu
75   s'en faut, n'ayant esté porté seullement que dixhuict ans ou environ, qu'il
baille audict seigneur Grangosier son futur gendre, pour mettre le jour
de ses nopces, pour lui faire honneur, comme en tel cas est requis, ensemble
un beau chalit, garni de toute defectuosité pour les coucher, duquel il ne
s'est servi que soixante ans, ou peu davantage, avec une bonne cruche de
80   terre, qui n'est qu'un peu cassee, pour leur boire, comme aussi deux belles
escuelles de bois fenduës, pour mettre leur potage, avec deux torchons
aussi blancs que de l'encre, & aussi forts que du papier, pour nettoyer
lesdites escuelles, ensemble un pot de terre à deux pieds pour mettre cuilleres
faites en façon de bouis qui luy cousterent quatre deniers, desquelles il
85   ne s'est servi que cinquante trois ans ou environ, & outre ce deux assiettes
de bois neufves comme lesdites cuilleres, & une obligation de quatorze
deniers, icelle somme à lui deuë avec les interests, par maistre Nemo
Nullus sergent loyal exploictant des dents par tous les Royaumes ou il
trouve dequoi, lesquels interests se montent à trente sols, sur quoi il n'a
90   receu que vingt-neuf sols douze deniers, de laquelle somme il baille
pouvoir ausdits futurs mariez de s'en faire payer, mesmes de contraindre
ledit Nullus au payement d'icelle, par detention de sa personne en la
grande prison du monde, de laquelle il ne se pourra faire eslargir, soit
par cautions ou autrement qu'apres sa mort. Et outre promet de leur laisser
95   apres son départ de ce monde tous ses biens qui peuvent valloir trois cents
mil livres, sur lesquels ils seront tenus payer ses debtes, qui ne se montent
qu'à deux cents mil escus ou peu plus. Et de laisser ledit seigneur
Grangosier son legitime successeur à la couronne de son Royaume de Placevuide, duquel le revenu est plus que suffisant pour les faire mourir de
100 faim luy & sa future femme. Par cedit present traicté, ledict seigneur
Grangosier, ce requerante ladicte dame Duchesse de Mottecreuse s'est obligé
de bien & deüement cultiver, & culeter, ou faire culeter par d'autres les
terres de Mottecreuse de ladite Dame Duchesse, & faire en sorte qu'elles
apporteront deux fois leurs fruits par chacun an, avec promesse de nourrir
105 & entretenir l'enfant que sadite future espouse a eu avec ses empruntez
maris, & de payer sept sols dix deniers, & un double qui sont deubs de
reste de l'entretenement de son enfant, qui est decedé incontinent qu'il
a perdu la vie. Et pour le regard des enfans masles qui proviendront dudict
mariage, si aucuns en proviennent pendant la virginité de ladite Dame
110 Duchesse, ledit seigneur Grangosier s'est pareillement obligé de leur
bailler à chascun l'une de ses seigneuries ou estats, & iceux faire vivre
noblement comme ceux qui gardent les pourceaux au bois, ausquels en
recognoissance de noblesse, il fera porter des habillemens de satin, duquel
on a accoustumé faire les bezaces & sacs. Et que si d'aventure le Royaume
115 de Papagosse venoit à vacquer, & que personne ne se presentast à la Couronne,
icelui seigneur Grangosier sera tenu, comme il a promis, faire Couronner
Roy le plus aisné de ses futurs enfans, qui apres qu'il sera parvenu à la
Couronne, sera tenu nourrir avec lui en sa maison Royalle lesdits futurs
mariez, & iceux bailler les principales dignitez de son Royaume, & iceux
120 faire respecter comme ses propres laquais, dont &c. promettans &c.
obligeans &c. renonçans &c. faict & passé és estudes des Notaires sous-

signez, l'an mil vingt cens cinquante quatorze, le lendemain des Calendes
Grecques, és presences de maistre Michelin de Court-cul & Guerin Vuidebouteille,
maistres ramasseurs de pieces par les boües jurez à Paris, demeurans par
125 tout, faute de domicile, tesmoins qu'ils ont declaré ne sçavoir signer
sans user de papier ou parchemin, d'encre & de plumes. Et quand audit
seigneur Grangosier & ladicte Dame Duchesse, ont signé & fait signer qu'ils
s'accorderont bien apres qu'ils ont en nostre presence beu ensemble en
desloyauté de mariage. Et pour le regard dudict seigneur Roy, & desdits
130 sieurs Ragot & Boutetoutcuire, ont declaré ne sçavoir escrire en lettres
Hebraïques, mais qu'ils saignent ordinairement quand le sang leur decoule
du nez et quant audit sieur Fleurestron distributeur susdict des poudres
pour faire mourir les Rats & les Souris, a declaré ne sçavoir saigner sans
respandre du sang, mais que pour sa signature ordinaire il a accoustumé
135 d'attacher une queuë de Rat és actes où il est compris, à laquelle on
adjouste aussi grande foy qu'à son propre seing. Ce que luy avons permis
faire, & avons attaché aux presentes ladicte queuë pour servir de seau.
Et voulons que foy y soit adjoustee comme si c'estoit le Rat mesme tout
vif, duquel est ladite queuë qui y fust attachee en vallidité, & tesmoignage
140 dequoy avons signé les presentes de nos seings extraordinaires, & seellé
de ladite queuë de Rat, les an & jour susdicts, signé Pincepasté &
Croquelardon, Notaires.

Ce contract ainsi fait, Grangosier commanda aux Notaires de lui
expedier en grosse & leur fist escorcher un veau, afin d'en prendre la
145 peau pour transcrire icelui contract : d'autant qu'en ce temps là le
parchemin estoit point en usage pour ceux qui n'en avoient point, & peu
de temps apres se firent les nopces qui furent si magnifiques & si
moderement faites qu'aucun de ceux qui y assisterent n'en fust malade
pour avoir trop mangé, comme il advient ordinairement en tels festins.
150 Ce que craignant Grangosier, & afin de prevenir à tel accident qui eust
peu arriver comme on avoit fait grand apprest de viandes exquises de toutes
sortes & en si grand nombre que le Palais de son beaupere le Roy n'estant
assez spatieux pour les y mettre toutes, on avoit choisi une prairie aussi
grande que le Pasquis de Barges, où il y avoit deux cens cinquante trois
155 tables toutes couvertes de viandes, & y ayant esté envoyé par le Roi sur
l'heure du disner, pour voir si tout estoit prest, afin de venir advertir
toute l'assistance d'aller disner : Luy pour ne leur bailler ceste peine
voyant son appetit estre bien disposé à recevoir fourniture de ventre,
d'autant qu'il y avoit plus de quinze jours qu'il mangeoit fort peu, comme
160 font ordinairement les amoureux, n'osans manger beaucoup devant leurs
maistresses, & attendu aussi que si on l'eust recognu pour si grand mangeur,
il n'eust pas eu en mariage la fille du Roy. Pour donc s'accorder à son
appetit, se voyant muni de fortes armes pour combattre la faim, mangea
toutes lesdictes viandes, & de ce qui estoit sur deux tables n'en faisoit
165 qu'un morceau à la fois : tellement qu'en moins de demie heure il laissa
les tables vuides & les renversa & jetta les plats parmi la prairie.
Estant ainsi venu à bout d'une si belle entreprise s'en retourna aupres
du Roy faisant bien de l'esperdu & eschauffé luy fit entendre qu'il avoit
failli d'estre tué par une grande compagnie de soldats, qu'il avoit trouvé
170 en la prairie mangeans toutes les viandes des nopces, & que luy les voulant
faire sortir l'avoient poursuivi bien avant le pensant tuer, & qu'ils ny
avoient rien laissé, s'estoient retirez en un bois proche de ladite prairie.
Ce qu'entendant le Roy fust si courroucé & fasché qu'il ne sçavoit que dire

sinon qu'il eust falu une grosse armee pour devorer une telle quantité de
175 viandes, regrettant d'y avoir employé la plus part de son bien, & de la
fascherie qu'il en eust, se voyant avoir fait telle perte, & encouru grande
honte envers les assistans de ne les avoir festoyez, en mourust quinze
ans apres.

XVIII

Comment apres ce mariage ainsi faict par Grangosier avec la Duchesse de
Mottecreuse il y eust proces intenté contre iceluy Grangosier & sa
nouvelle espouse par le seigneur Estouffepasté pretendant avoir precedentes
promesses de ladicte Dame Duchesse, & estre fondé en contract anterieur
à celuy de Grangosier.

Peu de temps apres ces nopces ainsi faictes entre ledit seigneur Grangosier,
& ladicte Dame Duchesse de Mottecreuse fille du Roy de Placevuide, un
nommé Machecrouste Estouffepasté, soy disant Chevallier de l'ordre des
Ambassadeurs de Venus, & seigneur de Nullepart en partie pretendant
5 ladicte Duchesse luy avoir faict promesses de mariage auparavant ledict
Grangosier les fist actionner pardevant le Lieutenant general pour les
Rats au Royaume des Souris, afin de voir declarer le mariage par eux
contracté & solemnisé ensemblement nul & invallable, comme faict
posterieurement aux promesses & contract faict par icelle Duchesse en
10 vertu de la procuration de son pere avec ledit Estouffepasté. Pardevant
lequel Lieutenant ledit Grangosier se presenta, tant pour lui que pour
ladite Dame Duchesse à l'assignation donnee, ou apres contestation de
cause ledit Lieutenant ordonna auparavant que faire droict aux parties
sur leurs requisitions qu'icelles parties fourniroient d'escritures
15 pardevant lui pour proposer leurs raisons, & qu'icelui Estouffepasté
produiroit son contract, si aucun il y avoit, ensemble la procuration
passee par le pere de ladite Duchesse, alleguee par icelui Estouffepasté,
& ce en dedans le lendemain des Calendes Grecques lors ensuivantes. Pour
à quoy satisfaire de la part dudit seigneur Grangosier, & de ladite Dame
20 Duchesse sa femme, baillerent leurs escritures contenants leur bon droict,
en la maniere suyvante:

Advertissement que mettent & baillent pardevant vous Monsieur le
Lieutenant general pour les Rats au fameux Royaume des Souris, ou vostre
Vicesgerent hault & puissant Prince Messire Grangosier Croquedent, Duc
25 de Nulleprovince, & premier Auditeur des comptes & fables des femmes du
Royaume de France, & tres-vertueuse Dame du derriere Robinette de
Chastrepoulles, Duchesse de Mottecreuse son espouse & femme legitime
deffendeurs, & incidemment demandeurs en cassation de certaines pretenduës
promesses & contract de mariage fait au prejudice de leur contract cy
30 dessus escrit, duquel ils requierent la confirmation d'une part à
l'encontre de bonne ou mauvaise personne Machecrouste Estouffepasté, soy
disant seigneur de Nullepart de partie, & Chevallier de l'ordre des
Ambassadeurs de Venus demandeur originaire en nullité & cassation de
leur mariage, & incidemment deffendeur d'autre, à ce que sans avoir esgard
35 au dire & demande dudit Estouffepasté demandeur, ni à son pretendu contract,
si aucun il en a, il sera debouté de toutes ses pretensions, condemné en
tous despens dommages & interets des deffendeurs, & en dix mil livres

d'amandes ou raisins pour les avoir à tort fait actionner pardevant vous,
& que le mariage des deffendeurs, & contract fait auparavant iceluy seront
40 declarez bons & vallables pour y estre toutes les solemnitez requises
indebité observees, & que si iceluy demandeur a aucun contract ou
procuration passee par le pere de ladicte Dame Duchesse : Ils seront
declarez nul, frauduleux, & subreptivement obtenus. Pour à quoi parvenir,
disent lesdits deffendeurs ce qui ensuit:

45   Que dès le quarante quinziesme jour de l'un des mois de l'annee
mil vingt-cens cinquante treze, le deffendeur qui est le premier Prince
du Royaume de Veautuerie, se voyant en aage incompetant, & en toute
doctrine assez impertinent, auroit eu quelque intention de se marier, &
desire s'allier en une maison correspondante en Noblesse à la sienne, &
50 à cest effect auroit recherché en mariage ladicte Dame Comtesse de
Mottecreuse, qui est la premiere Princesse du Royaume de Placevuide,
laquelle le voyant doüé de toutes les imperfections & incivilitez requises
en un grand Prince tel qu'il est, & outre considerant que sa teste estoit
fort commode à porter de belles cornes, & que le revenu de ses terres
55 estoit plus que suffisant pour leur tenir tousjours la bouche fermee,
crainte de se rompre les dents en mangeant, lors qu'ils seroient conjoints
ensemble par dissolution & separation de mariage, & à ce induite par son
pere, auquel ledict seigneur Grangosier avoit presté secours lors qu'il
estoit assiegé par les Francstaupins, & apres avoir sur ce pris conseil
60 de tous ses parens & amis, tant sourds, muets, aveugles, que borgnes ,
auroit de leur consentement contracté mariage avec icelluy seigneur
Grangosier, ou toutes les formes de droict deffectueux y auroient esté
bien & deüement observees. Car en premier lieu il auroit esté receu par
deux notaires Ruraux en la Prevosté de Nullieu, & pour plus grande vallidité,
65 les parties auroient consenti qu'on y attachast une queuë de Rat qui
serviroit de sceau, & à laquelle on adjoustoit foy si on y vouloit croire.
Depuis ce contract ainsi fait, se seroient ensuivis les moyens & espousailles:
Depuis lesquelles icelluy deffendeur en consideration de la grande ou
petite amitié qu'il portoit à sa nouvelle espouse, seroit venu demeurer
70 avec elle en son chasteau de Placevuide ou ils auroient vescu ensemblement
l'espace d'une demie heure avec une respective amitié, & sans avoir eu
aucune querelle pendant qu'ils ne parloient point ensemble. De sorte
que ce mariage estant si solemnellement faict, il n'est à propos de le
vouloir impugner & debattre par le demandeur, soubs pretexte d'un pretendu
75 precedent contract qu'il dict avoir. Ce qui ne se trouvera, sauf correction.

Presuppose que tel contract allegué par iceluy Estouffepasté
demandeur ait esté receu (que non) il seroit nul pour plusieurs raisons:

La premiere à cause du bas aage du demandeur qui n'est aagé que de
quatre vingts dix ans ou environ. Estant tres certain qu'à tel aage il
80 ne se voit aucun contracter mariage. Et que mesmes selon la loy des
femmes qui ont accoustumé de soustenir le bout droict des hommes, *in l.
de ætate virorum Cap. 3.* les hommes doivent estre en âge competant pour
comprendre & s'acquitter de leur charge, par laquelle loy enregistree &
insinuee au greffe des insinuations & incorporations binalles au premier
85 fueillet apres qu'on a levé la chemise blanche, est aussi deffendu de
contracter mariage en l'aage de soixante ans ou plus pour esviter aux

abus que commettent ceux qui se marient en tel aage envers leurs femmes,
lesquels quand il est question de vuider quelque poinct de droit demeurent
en suspens & leur production est inutile, de laquelle loy le texte est
90 tel. *Non enim senem, aut nimis invenem, sed virum maturum & in sufficienti
ætate constitutum mulieres exoptant ad fungendum matrimoniali officio,
comme dict Ribaudine Cherchevy en son livre. *De perfecto matrimonio.* Ce
qui est aussi confirmé par ce grand Jurisconsulte Ruffien le Couvrefemme
au § 2. *ff. de capac. viror,* qui dict *Debent viri esse capaces ad
95 exercendum matrimoniale officium, sin autem debent substituere alios.
Ut eorum uxores non inutilles existant.* Par lesquelles loix cy dessus
de tout temps diligemment observees entre les femmes & confirmees par
plusieurs de leurs Arrests, lors qu'on met pardevers elles quelques
productions, desquelles la cognoissance leur appartient, le demandeur se
100 trouve estre privé du benefice de contracter mariage à cause de son bas
aage, & que les principaux poincts pour parvenir à ce but luy manquent,
veu mesmes que tel mariage seroit prejudiciable à ladicte Duchesse qui a
besoin d'un homme robuste & expert pour cultiver & ensemencer ses terres
dudit lieu de Mottecreuse, qui ont besoin d'estre souvent cultivees pour
105 les rendre fertiles. Joint qu'elle desire. *Uti matrimonii voluptate.
Ut ceteræ mulieres.*

La seconde raison de la nullité d'iceluy pretendu contract est la
clandestination d'iceluy d'avoir esté faict en cachette, & absence des
parens des parties, *Matrimonium enim consensu parentum debet contrahi ut
110 refert Hocr. in l.de clandest.*

La troisiesme pour avoir esté fait à jour & heure induë, le jour &
feste du lendemain des Calendes Grecques, pendant la celebration du
service du vin. *Dum enim Deo Baccho sacrificiamur debet omnis opere
cessari l.de bibent.*

115 La quatriesme & derniere desdites raisons est que quand bien ledict
contract auroit esté receu par Notaire loyal, ou desloyal, à jour & heure
deuës en presence, & du consentement des parens des parties, il ne pourroit
en aucune façon prejudicier à celuy des deffendeurs, qui est posterieur à
celuy du demandeur, faict en presence du pere de ladicte Duchesse, à
120 auquel toutes les formes de droicts. *Sive benè, sive malè,* ont esté
observees, & que selon le dire de ce tres-excellent Escornifleur Rinsegobelet,
Tranchejambon *in l. de fripat. § 3. ff. de evacuat.pocul. pridra posterioribus
annullantur.*

Par ces causes & moyens inexpugnables, les deffendeurs demandent
125 estre absous de l'action frivolle contre eux intentee par ledit
Estouffepasté requerans, attendu ce que dessus, iceluy estre banny du
Royaume d'enfert pendant sa vie, & condempné en tous leurs despens,
dommages & interests. Signé inexpert Advocat.

Lesquelles escritures cy dessus furent signifiees à iceluy
130 Estouffepasté en parlant à sa personne par Fretillon Hochequeuë Serreargent
desloyal, exploictant des dents par tous les Royaumes où il trouve de
quoi, Auquel iceluy Estouffepasté, fist responce qu'il ne vouloit bailler
aucune responce ausdictes escritures, & que pour toute production il

employoit la procuration à luy passee par le pere de ladite dame Duchesse,
135 dont la teneur ensuit:

Pardevant Triboüillet de Grospets, Notaire rural & Contreculleur
des basses marches des femmes au Royaume de Moscovie. Fut present
absentiellement, Tres magnanime & invincible Prince en assaults, prises
& vuidemens de pots. Hapebran de Chastrepoulleurs par la graisse de sa
140 cuisine, Roy de Placevuide, estant de present en son chasteau de
Villeabbatuë lequel de son bon gré ou autrement a fait & constituë ses
procureurs generaux, speciaux & irrevocables, Damoiselle Margot de
Longuefesses, & tous autres qu'il plaira à ladite Damoiselle de substituer
en chacun d'eux seul & pour le tout speciallement & expressement pour &
145 au nom dudit seigneur constituant, accorder, consentir, ratifier & passer
outre en son absence au mariage que sa fille Robinette de Chastrepoulles,
Duchesse de Mottecreuse, & premiere Princesse du Royaume d'invisibilité,
entend contracter avec seigneur Machecrouste Estouffepasté, seigneur de
Nullepart en partie, & Chevallier de l'ordre des Ambassadeurs de Venus,
150 pourveu qu'il soit capable de contracter mariage & habille pour bien &
deüement cultiver & labourer les terres de Mottecreuse de ladicte Dame
Duchesse de Mottecreuse sa fille, lesquelles seroient demeurees en friche
par sa negligence, ou bien par l'inexperience de plusieurs malentendus
laboureurs par lesquels sadicte fille auroit fait cultiver sesdictes
155 terres, ce qu'auroit esté cause qu'elles seroient demeurees steriles, &
n'auroient aporté aucun fruict que par deux annees seullement. Ce que
considerant ledit seigneur constituant fasché qu'une si bonne terre
demeurast en friche. A donné & donne charge par ces presentes à sesdits
Procureurs, & principallement à ladite Damoiselle de Longuefesses, sa
160 procuratrice irrevocable d'esprouver la capacité dudit Cornard à labourer,
& pour ce subjet luy faire bescher en sa vigne, & cultiver son 'jardin
vulgairement appelé des Culetis l'espace de quinze jours ou environ,
apres lequel temps si elle se trouve satisfaite & contente dudit
Estouffepasté. Ledit seigneur constituant baille plein pouvoir à sadite
165 procuratrice d'assister sadite fille à contracter mariage avec ledit
Estouffepasté: à la charge qu'il s'obligera par le contract qui sera passé
sera passé de bien & deüement cultiver & culeter lesdites terres de
Mottecreuse, & faire en sorte qu'elles puissent porter leur fruict par
chacun an. Et generallement &c. promettant &c. obligeant &c. renonçant
170 &c. Ce fut fait au lieu ou les presentes ont esté passees les an & jour
que ledit seigneur constituant, & le Notaire susdit se trouverent ensemble,
és presences de ceux qui y ont assisté, qui ont *Sine calamo charta, &*
attramento, signé ces presentes. *In eorum absentia,* qui ont esté passees
doubles, pour servir à doubler ledit seigneur Estouffepasté si tost &
175 incontinent qu'il aura espousé ladicte Dame Duchesse de Mottecreuse.
Fait les an & jour dessusdits.

Laquelle procuration cy dessus ayant esté veuë par le seigneur
Grangosier, & voyant que ledit Estouffepasté ne vouloit produire autre
chose, presenta plusieurs requestes de forclusions contre iceluy audict
180 sieur Lieutenant, & fist ordonner par iceluy que le proces seroit jugé
en tel estat qu'il estoit sur sa production, ce qui fut fait & iceluy
sieur Lieutenant rendist sa sentence en la forme suivante:

A tous aveugles & sourds qui ces presentes lettres verront & orront
Michault Angoullevin licentié en l'ignorance des loix, Baron & seigneur
185 de Chasteaubruslé & de Ruyneville, Lieutenant general pour les Rats au
fameux Royaume des Souris : Salut & salutifere fiebvre quartaine aux
Lecteurs & Auditeurs des presentes. Sçavoir faisons qu'en la cause meuë
& pendante pardevant nous entre ignoble personne Machecrouste Estouffepasté,
seigneur de Nullepart en partie, & Chevallier de l'ordre des Ambassadeurs
190 de Venus demandeur en nullité & cassation de mariage, à l'encontre de haut
& puissant Prince Messire Grangosier Croquedent Duc de Nulleprovince &
premier Auditeur des comptes & fables des femmes du Royaume de France.
Et tres urineuse Dame Robinette de Chastrepoulles, Duchesse de Mottecreuse
sa femme & espouse deffendeurs en ladite cause. Veu par nous les deux
195 forclusions obtenuës de la part desdits deffendeurs contre ledict
Estouffepasté demandeur à faute d'escrire & produire en ceste cause
pardevant nous, comme aussi le contract passé entre ledit seigneur
Grangosier & ladicte Dame Duchesse de Mottecreuse pardevant Pinsepasté
& Croquelardon Notaires Ruraux en la Prevosté de Nullieu en datte du
200 lendemain des Calendes Grecques l'an mil vingt cens cinquante quatorze,
signé desdicts Notaires, & seellé en queuë de Rat, ensemble l'advertissement
& escritures faites de la part desdits deffendeurs sur le narré du
present proces, & ce qui a esté mis & produit par devers nous, le tout
diligemment consideré sans y avoir pensé.

205 Nous du conseil des licentiez & manducation des noix soubssignez.
Ayans esgard audit contract des deffendeurs & à leursdites escritures :
Disons les deux forclusions par eux obtenuës avoir esté bien ou mal
donnees, & faisans droict sur le proffit d'icelles & sur la requisition
d'iceux deffendeurs. Avons declaré bon & vallable leur contract dont
210 est fait mention cy dessus, & le mariage fait en consequence d'iceluy,
sauf toutesfois que si ledict mariage n'est consommé à cause de
l'impuissance de l'une d'icelles parties, nous les renvoyons pardevant
l'officiemal de nul Diocese, comme pretendant à luy appartenir le droict
de dissolution & desmembrement de chappons quand il les tient entre ses
215 dents, & en ce faisant casse & annulle le contract d'icelui demandeur,
si aucun il en a, comme fait clandestinement & au prejudice de celuy des
deffendeurs, avec inhibitions & deffences à luy de s'en servir, s'il ne
s'en ayde, sur peine de faulx, luy deffendans en outre de plus contracter
mariage sans espouser une fille ou femme, attendu son aage incompetant,
220 sur peine de nullité dudit mariage, de punition corporelle, & de perdre
la vie quand il mourra, lequel en outre nous avons banni pour toute sa
vie du Royaume Plutonicque, condemnans iceluy demandeur ès despens de
la presente instance liquidez à deux mil nihils, monnoye de Rome, & ès
dommages & interests d'iceux deffendeurs, lesquels avons reservé en
225 diffinitif de ce siecle, & trois jours apres la consommation d'iceluy.
Au payement de laquelle somme il y sera contrainct, mesmes par detention
de sa personne en son lict, lors qu'il y sera couché. Et ordonné que
nostre presente sentence sera executee apres qu'elle sera confirmee par
Arrest de Nosseigneurs de la Cour des chats, Juges superieurs en ceste
230 partie nonobstant opposition ou appellation quelconque.

Si donnons en mandement au premier Serreargent loyal ou autre de
nostre desobeïssance & hors nostre jurisdiction sur ce requis, qu'il
mette ces presentes à execution selon leur forme & teneur, si faire le

peut. Donné soubs le seing de nostre Greffier l'an mil vingts cens
235 cinquante quinze, l'un des jours de ladite annee. Signé Angoullevin,
Lieutenant susdict, Humebroüet & Escorcheveau, licentiez en manducation
des noix & Frippeandoüilles Greffier.

Prononcé au Greffe du Royaume des Souris, par le commandement
dudict sieur Lieutenant General des Rats, en la presence desdicts
240 deffendeurs, & de Maistre Pillemiche Chastremouche, procureur dudict
Estouffepasté demandeur, qui a protesté de se pourvoir contre ladicte
sentence, soit par appel en cour des chats, ou le present appel ressortist
pour estre les superieurs des Rats, quand ils les tiennent entre leurs
dents ou pastes, ou autrement, ainsi qu'en dormant il verra bon estre.
245 Et à l'instant est survenu le demandeur monté sur une chevre bleuue qui
a dict avoir ouï sourdement la prononciation de ladicte sentence, dès
le mont de Froissepain ou il estoit allé chercher des herbes pour le
garir des fiebvres quartaines. Cause pourquoy ayant peur de ne venir à
temps, auroit esté contrainct monter sur ladicte chevre, & en cest equipage
250 seroit venu d'un si grand pas qu'il auroit rompu une des cornes de ladicte
chevre qui lui servoit de bride, & n'eust esté qu'il en a pris une des
siennes, il se fust rompu le col. Auquel avons faict faire lecture de
ladicte sentence, apres laquelle lecture a declaré qu'il consentoit
l'execution d'icelle. En tesmoin dequoy il a signé en plusieurs actes,
255 qui sont tant pardevant Notaires Royaulx que Apostoliques, mesmes promis
passer de ce telle procuration qu'il conviendra pardevant l'Autheur de
l'histoire de Grangosier, lors qu'il sera Notaire Apostolique, &
Procureur en Cour d'Eglise, pour comparoir pardevant tous Officiaux &
Juges Ecclesiastiques qu'il sera de besoin, afin de se deppartir des
260 promesses de mariage qu'il pretendoit de ladicte Dame Duchesse de
Mottecreuse luy avoir faictes. Desquelles il la liberé & quité par ces
presentes.

Faict par moy Greffier susdict les an & jour que dessus.

signé

FRIPPEANDOUILLE

XIX

*Comment Grangosier succeda au Royaume de Placevuide, & des Edicts &
belles Ordonnances qu'il fist pendant son regne.*

Quelque temps apres ce proces ainsi fait & finy, & le deceds du Roy
Hapebran estant advenu, Grangosier apres avoir joyeusement regretté sa
mort, & porté le dueil en la mesme façon qu'il avoit faict au trespas
de son pere, s'installa au Royaume, & y fut receu du consentement de
5 tous ses subjects qui pouvoient estre au nombre de deux cens mil, sauf
à rabattre le tout ou peu pres. Et estant ainsi parvenu au plus grand
de ses souhaits gouverna son peuple en paix, & ne fust point ambitieux
de s'acquerir par armes plusieurs Royaumes, comme il eust peu faire

estant certain que s'il eust voulu il se fust rendu Empereur de tout le
10 monde avec peu de difficulté, ores qu'il n'eust eu aucunes armes & eust
esté seul, comme pouvez juger en contemplant ses vaillances dont est fait
mention cy dessus, ains au lieu de ce, se delecta à faire quelques belles
ordonnances : la pluspart desquelles ont esté perduës, comme il en est
faict mention en l'exemplaire Grec cy dessus specifié, & mesmes la plus
15 grande partie d'iceluy ne se peut lire pour estre tout rongé & mangé des
souris. Entre lesquelles Ordonnances & Edicts se trouve le suivant
addressant à ses subjets. GRANGOSIER par la permission celeste, Roi de
Placevuide. A tous nos subjets dudit Royaume. Salut, avec fievre
quartaine sempiternelle. Comme ainsi soit que considerans attentivement
20 les grandes obligations que tous les humains tiennent du grand Dieu Baccus
pour les infinis biens qu'il leur donne en leur eslargissant en toute
abondance du jus tres-agreable qui provient des fruits que porte le bois
tortu des vignes, sans que pour tant de bien faicts on ait dedié aucun
jour en son honneur pour le remercier d'une telle faveur, comme on a
25 accoustumé faire à tous les autres dieux, qui ne donnent rien digne d'estre
comparé à l'excellent breuvage qu'il distribuë à tous les hommes sans
lequel ils ne pourroient longuement vivre. Nous pour ces bonnes
considerations & autres. Vous mandons & enjoignons de nostre pleine
puissance & authorité Royalle que d'oresnavant ayez par chacun an, à
30 celebrer avec toute resjouyssance & bonne chere en l'honneur d'icelui
Dieu Bacchus un mois entier devant Caresme & de tous les jours dudict
mois sera le plus solemnel le Mardy veille du jour des Cendres, pendant
lequel temps vous permettons user du breuvage de ce Dieu, & luy en
sacrifier en toute abondance. Commandans à ceux qui n'en auront de
35 mettre en gages jusques à leurs habillements afin d'y fournir, avec
deffences tres-expresses à tous manouvriers & gens de mestier de travailler
pendant ledit mois, à peine de punition de bourse pour la premiere fois
& punition corporelle pour la seconde, & ordonné que le present Edict
sera enregistré en la cave de tous les habitans de nostre Royaume, proche
40 le tonneau du meilleur vin pour y avoir recours quand besoin sera, & que
la soif le requerra. Et enjoint à tous les Cabaretiers & Taverniers de
le faire executer, & d'amener par force en leurs logis ceux qui n'y
voudront venir, ou estans les feront sacrifier amplement au Dieu Bacchus.
Car tel est nostre plaisir, & voulons qu'ainsi soit faict. Donné en
45 nostre Chancellerie de Nullieu, le trenteseptiesme jour de l'un des mois
de l'annee mil dix cens vingts unze, signé sur le reply Grangosier, en
son conseil de la bouteille, & seellé en cire invisible aux aveugles.

Suivant lequel Edict cy dessus, non seullement ses subjets mais
aussi toutes les autres nations mesmes les François se sont tousjours
50 reglez jusques à present, bien est vray que pour le jourd'huy on n'y
employe pas un mois entier, comme on souloit faire du passé, ains seullement
quinze jours les plus solemnels, desquels les uns appellent Mardy gras,
les autres Caresme prenant, ou Caresme entrant, ceux qui sont plus
lettrez & instruicts en la langue Latine le nomment la feste de Bacchus
55 suivant le mot Latin de Bachanalis. Et de toutes les festes de l'annee
on n'en celebre aucune avec si grande resjouyssance que ceste cy, & n'y
a si pauvre personne qui pour l'honneur qu'elle porte à ce Dieu Bacchus
ne mist en gage le jour de ceste feste ses propres habillemens pour
acheter du breuvage afin de luy sacrifier.

XX

Comment Grangosier tint les Estats & Grands Jours en son Royaume de
Placevuide, où il fit plusieurs belles Ordonnances : Et octroya
quelques lettres Royaux à ses subjects, qui sont inserees cy apres.

Tout ainsi comme c'est le fait d'un vray Roy de faire regner & florir
la Justice en son Royaume, l'exercer luy mesme en personne sans en
commettre la charge à aucuns de ses subjets, crainte qu'elle ne soit
par eux exercee avec telle equité qu'il convient, afin de pouvoir
5 promptement subvenir à ses subjets, & leur oster tout mescontentement
qu'ils pourroient recevoir, se voyans mal regis & gouvernez faute de
bonne administration de Justice : De mesme le Roy Grangosier, doüé de
ceste vertu, voulut luy mesme administrer la Justice à ses subjets, &
tinst ses grands jours, ou il presta l'aureille à un chacun, jugeant
10 fort equitablement le tout selon les loix, desquelles il avoit ouy
autresfois parler. Advint que comme un proces fust meu, & pendant luy
entre un nommé Versevin Vuidepot qui avoit fait adjourner un nommé
Griboury Tappechappon, & contre lequel faute de comparoir, il demandoit
deffault, le Roy Grangosier l'en deboutta & luy dict, vous estes un
15 malicieux, vous me voulez surprendre, attendez que vostre partie soit
presente, & par apres je vous octroyeray le deffaut que demandez. Une
autrefois sur un autre proces pendant pardevant luy entre deux particuliers
le deffendeur proposa une fin de non recevoir contre la demande du
demandeur. Sur ce il prist conseil, & trouva par icelluy qu'il se
20 failloit arrester à ladicte fin de non recevoir. Ce qui l'occasionna
de prononcer son ordonnance comme ensuit:

Nous par advis du Conseil, disons que ledit demandeur ne recevra
rien, & en ce faisant a mis les parties hors de Cour & de proces, sans
despens, dommages & interests. Tenant ainsi les grands jours de son
25 Royaume, il delivra les lettres Royaux qui ensuyvent à un sien subjet
pour estre maintenu en la joüyssance de ses vacations:

Grangosier par la permission Bacchanalle, Roy de Placevuide. Au
premier Huissier ou sergent de nostre desobeïssance. Salut & santé s'il
se porte bien. De la part de nostre humble subject Virecul de Pallefesses,
30 l'un des maistres ramasseurs de pieces par les boüës de nostre ville de
Nulchasteau, & Escureur de privez, juré en ladicte ville. Nous a esté
tres-humblement exposé, que depuis qu'il auroit esté pourveu desdicts
deux estats, il les auroit tousjours exercé paisiblement ou contentieusement,
sinon depuis un an ou douze mois en ça, qu'il y auroit esté troublé par
35 ceux de sa mesme vacation, & notamment par les ramasseurs de pieces par
les boüës ses associez qui pour le frustrer des emolumens & proffits
qu'il pourroit tirer par l'exercice de ceste vacation se levent de tresgrand matin pendant qu'il dort & se repose, estant fatigué des grands
labeurs qu'il endure presque toute la nuict, à vuider plusieurs privez
40 comme il y est tenu, & ce faisant prennent, enlevent & ramassent toutes
les pieces qu'ils trouvent par lesdictes boüës, les vendent, & en font
leur profit particulier, sans en donner aucune chose à l'exposant, qui
est un des plus anciens & experts de ceste vacation, qui n'estant si
matineux que les autres, pour les causes dessusdictes, aussi tost qu'il

45 est levé, prend sa hotte & son crochet ordinaire pour aller ramasser
quelques pieces, lequel est esbahy que quand il y vient, il n'y trouve
rien, d'autant que ses associez ont desja tout pris & emporté, ce qui
luy est un grand desadvantage & empeschement de vivre, tant luy que sa
famille, & signanimement à sa femme, laquelle porte l'estat de Damoiselle,
50 semblable aux venderesses de noir à noircir, laquelle a accoustumé de
vivre noblement, ayant tousjours esté nourrie aux bois à garder les
porceaux: Ce qui est cause qu'elle n'a les moyens de porter des
habillemens de satin de grosse chanve comme requiert sa qualité. Et
pour le regard de son estat de maistre escureur & vuideur de retraicts,
55 juré en ladite ville de Nulchasteau, ceux de la mesme qualité luy ont
fait pareil ou plus grand dommage que le precedent, en ce que par
compromis faict entre luy & le maistre des basses œuvres de ladite
ville, icelluy maistre des basses œuvres se seroit obligé envers luy
de le faire jouyr de la moitié des emolumens & profits qui proviendront
60 des evacuations & vuidemens de privez de ladicte ville & des fauxbourgs
d'icelle, & qu'aucun vuideur ou escureur d'iceux ne pourroient entreprendre
aucune besongne sur ce fait, sans qu'il y fust present ou absent.
Toutesfois il a esté adverty depuis sa naissance, que plusieurs vuideurs
desdits retraicts, entreprennent ordinairement de la besogne sur ce
65 faict, en cachette de luy, & par ce moyen le frustrent des grands
proffits qu'il pourroit tirer desdictes evacuations, s'il y estoit
present & qu'on luy en donnast le profit qu'on en tire, & par ainsi
l'empeschent de pouvoir vivre sans manger & boire, & de retirer les
grandes sommes de deniers qu'il a despensé pour se faire recevoir audict
70 estat, & en avoir ses lettres de maistrise, lequel estat avec le sien de
maistre ramasseur de pieces par les boües sont les plus honorables de
l'Allemagne, avec ceux des vendeurs d'allumettes. Pour obvier ausquels
abus dessusdits desireroit avoir nos lettres de maintenuë, portans
inhibitions & deffences à ceux desdictes deux qualitez, sçavoir ausdicts
75 maistres ramasseurs de pieces par les boües qu'ils n'ayent à troubler
ledict exposant audict estat, & que sans son sceu ou desceu ils ne voisent
ramasser aucunes pieces par les boües, à tout le moins avant qu'ils soient
levez & sortis de leurs licts, à peine d'amende honnorable, le verre au
poing plein de bon vin qu'ils vuideront douze fois ensuyvant, en la
80 presence dudict exposant, & de telles aveugles personnes qu'il voudra
choisir, & sera condempné à trois cens mil livres d'amandes ou raisins,
applicables par moitié à son profit, & l'autre ou bon nous semblera.
Et pour le regard des maistres Escureurs de retraicts à ce que pareilles
deffences leur soient faictes, avec permission à l'exposant de faire
85 saisir & confisquer à son profit toute la marchandise qu'ils auront
osté ou tiré desdicts privez pour en disposer à sa volonté.

Requerant à cest effect tres-humblement nosdictes lettres. Pource
est il que nous desirans subvenir à nos subjects & speciallement à ceux
de ceste noble qualité. Vous mandons & commettons qu'apres que du contenu
90 cy dessus, serez insuffisamment informez, ayez à saisir confisquer &
mettre soubs la main des Rats toute la marchandise que trouverez avoir
esté ostee desdicts privez par les vuideurs d'iceux, à laquelle establirez
commissaires, qui s'obligeront d'en rendre compte à l'exposant. Au
profit duquel nous voulons qu'elle soit employee. Faisans deffences
95 ausdits vuideurs de retraicts, & ramasseurs de pieces par les boües, &

à tous autres qu'il appartiendra, qu'ils n'ayent à troubler ou empescher
d'oresnavant en aucune façon ledit exposant en l'exercice de sesdicts
deux estats. Lequel avons mis & mettons des maintenant en nostre garde
& protection, sur peine de faire l'amende honnorable cy dessus, avec
100 confiscation de leur marchandise & de soixante mil livres d'amende, sauf
à deduire vingt mil escus, ladite somme applicable par moitié, avec la
totalité de ladite marchandise à son profit & l'autre moitié d'icelle
somme pour estre mise és cofres de nos tresors, pour apres qu'aurons
vescu deux mil ans, aider à faire bastir la maison ruralle qu'entendons
105 faire edifier en ce temps là, si tant vivons. Commandans à tous Juges,
tant borgnes que aveugles qui sont de nostre desobeïssance & hors nostre
Royaume, qu'ils facent mettre ces presentes à execution, & facent joüir
l'exposant des privileges qui luy sont octroyez par icelles, &
speciallement de la marchandise dessusdite laquelle voulons luy estre
110 adjugee sans autre forme de proces, avec pouvoir de punir & faire justice
ou injustice contre les contrevenans aux deffences portees par nosdites
lettres de reintegration, ausquels s'ils sont prisonniers pour ce subjet,
ils bailleront le monde pour prison, avec deffences tres-expresses d'en
sortir qu'apres leur decez jusques auquel temps voulons qu'ils y soient
115 detenus, sans espoir de s'en faire eslargir par cautions ou autrement.
Car tel est nostre plaisir. Donné à Nullieu en nostre Chancellerie,
apres avoir bien beu l'an mil dix cens soixante unze, & trente & quatorze,
le soixante treziesme jour de l'un des mois de ladicte annee, & le huict
cens & quatriesme an de nostre regne.

120 Signé

     Grangosier en son Conseil de la Table, & scellé en cire invisible
aux aveugles.

    Comment il octroya à un sien autre subject, lettres de maistrise pour
estre Secretaire & Ambassadeur d'Amour, qu'il fist expedier par son
125 *Lieutenant General, auquel il avoit donné l'office de Conservateur des*
privileges Maquerelistes, desquelles lettres, la teneur ensuit.

A tous Gueux & porteurs de bezaces, qui apres la lecture des presentes
lettres boiront. Jacquot Rifflandoüille licentié à mener le bestial au
bois, Baron & seigneur de Grangeperduë, & de terre en friche, Lieutenant
130 general du tres magnanime Roy de Placevuide, Conservateur des privileges
Maquerealistes de la ville de Nulchasteau. Salut. Cornual à tous ceux
dependans de nostre jurisdiction. Sçavoir faisons que aujourd'huy datte
de ces presentes inclinans, à la requeste qui nous a esté faite en
jugement par tres impudente personne maistre Rozillard Bonhomme l'un des
135 confraires de la confrairie & congregation des secretaires d'amour &
Ambassadeur pour le Dieu Cupidon au service de sa femme, & tenant le
premier rang en sa maison apres elle & ses serviteurs, tendante à ce
qu'attendu le long temps qu'il exerce ceste loüable ou vituperable
vacation, avec toute fidelité & secrets à ce requis, il nous pleust
140 luy en delivrer ses lettres de maistrise, requerant qu'afin d'avoir par
nous plus ample tesmoignage de son dire, ayons à ouyr en tesmoignage de
verité ou mensonge, & recevoir le serment de plusieurs ses confraires,
asçavoir de maistre Thibault Vuidebouteille doubteur en Medecine, sire

Torcheplat, maistre és Asnes, & Guillaume Cassepomme Bachelier en la
145 faculté d'ignorance, tous ministres du Dieu Cupidon & de la Deesse Venus
& confraires en ladicte confrairie. Sur quoy avons desdicts sieurs
Vuidebouteille, Torcheplat & Cassepomme à ce presens absentiellement en
personne pour prester desloyal serment, & depuis quel temps il exerce
ladicte vacation, lesquels tous auroient deposé unanimement & discordement
150 estre bien certains que ledict sieur Bonhomme fait profession de confraire
en la confrairie desdits Secretaires d'Amour, depuis vingt-cinq ans ou
environ, & estre Ambassadeur pour le Dieu Cupidon au service de sa femme
depuis qu'ils sont mariez ensemble, s'estans tousjours rendu obeÿssant
à accomplir les commandemens de sadicte femme, & avoir de tout temps
155 tenu le premier lieu en sa maison apres elle, s'estre ordinairement
employé à luy cercher des ministres & sacrificateurs de la Deesse Venus,
& estre pareillement fidel serviteur du Dieu Bacchus, allant tous les
jours dix ou douze fois aux lieux accoustumez à luy sacrifier, comme ont
de coustume ceux de ladicte confrairie. Disans lesdicts deposans sçavoir
160 ce que dessus pour frequenter ordinairement, & exercer leur vacation
avec luy, & l'avoir veu plusieurs fois entrer & sortir des plus fameux
Bourdeaux de ceste ville, apres qu'ils ont declaré ne luy estre en
aucune façon parens ou alliez. Lesquels tesmoins par nous ouys, &
insuffisamment examinez, & apres avoir pris & exigé le serment dudict
165 sieur Bonhomme, par lequel il a promis de continuer tousjours fidellement
en l'administration de sadicte vacation, & dedier le reste de sa vie aux
services des Dieux Cupidon, Bacchus, & de la Deesse Venus, se rendre
obeÿssant comme du passé à sadicte femme, & s'employer à luy trouver
des ministres pour luy aider en ce qu'elle ne peut faire seulle, &
170 requis d'estre tousjours maintenu le maistre en sa maison apres elle.
Sur quoy nous Conservateur susdit eu esgard à ladicte requeste. Avons
iceluy sieur Bonhomme receu & recevons maistre Secretaire & Ambassadeur
d'amour, juré en ceste ville & fauxbourgs d'icelle, attendu son fidel
service en ladicte confrairie. Et luy avons permis de jouyr de tous
175 les privileges d'icelle, mesme de porter cornes de belle longueur &
grosseur qu'il voudra pour marque & enseigne de sa maistresse. Avec
injunction tres-expresse à tous ceux de ladicte confrairie de ne
troubler en aucune façon ledit sieur Bonhomme en l'exercice de ladicte
vacation, de laquelle l'avons trouvé coulpable, ains ayent à luy porter
180 l'honneur & respect qui luy appartient, à cause de sesdictes cornes, &
tel qu'on a accoustumé faire aux maquereaux & doubles cocus de ceste
ville. Voulans son nom luy estre changé, & qu'on ait à l'appeller Jean,
pour avoir par ses merites acquis tel tiltre.

Et commandons à toutes putains maquerelles & femmes de Bien loin
185 de luy bailler libre entree en leurs logis, & qu'en voyant par elles ses
grandes cornes elles luy rendent toute inobedience, & si leur porte est
fermee que sans aucun delay elles ayent à luy ouvrir si mieux n'ayment
luy fermer au nez. Et enjoinct à nostre Greffier de luy expedier ses
lettres de maistrise en ladicte Confrairie en bonne & vallable forme, &
190 en icelles attacher deux cornes de la longueur chacune de dix pieds qui
serviront de sceau, & tesmoigneront de quelle vacation il se mesle,
lesquelles lettres ainsi faictes, seront enregistrees en tous les sieges
des Bourdeaux & autres lieux publicqs qu'il conviendra. Et seront mises
affiches par tous les Carrefours de ceste ville, par lesquelles sera

195 certifié qu'il est receu maistre Ambassadeur d'amour, & par icelles sera
declaré le lieu de sa demeure, lequel sera de si bonne volonté envers
ceux qui viendront visiter sa femme qu'il se couchera en la cave ou soubs
le lict pour leur faire place, mesme leur tiendra les pieds si besoin est,
à la charge qu'ils contenteront tant d'une façon que d'autre sadicte
200 femme, avec laquelle s'ils faisoient difficulté de coucher à cause que
ses souliers fussent crottez, il les decrottera luy mesme, comme aussi
les manteaux desdicts visiteurs, pendant qu'ils prendront la peine de
decrotter le bas de sadicte femme, n'estant suffisant luy seul d'en venir
à bout au contentement d'icelle, & faira en sorte qu'il les rendra bien
205 ou mal contents, sauf son droict & l'authruy. Donné à Nulchasteau en la
chambre particuliere de la conservation desdits privileges Maquerealistes
par moy susdict conservateur d'iceux, l'an mil unze cens quarante dix
sept, le Jeudy lendemain du Mecredy jour de la feste de Venus. Signé
Riffleandoüille, Conservateur susdict. Par le commandement du tres-
210 valeureux Grangosier Roy de Placevuide, & Attrappejambon Greffier, &
scellé en doubles cornes.

La force gist aux Cornes.

XXI

Comment Grangosier inventa de deffendre la chasse, & de faire des
impositions & gabelles sur ses subjects.

Ceux qui ont leu entierement tous les livres du monde, ont trouvé dedans
un petit qui est fort rare, & qui ne se peut lire que par les aveugles,
que Grangosier a esté le premier Roi qui a deffendu la chasse à ses
subjects, ce qu'il fist pour la raison suivante. C'est que luy estant
5 grand dissipateur de vivres, comme cy dessus est dict, recognoissant que
toute la venaison de son Royaume ne pouvoit suffire à lui seul, & neantmoins
tous ses subjets alloient à la chasse, & tuoient tout ce qu'il trouvoient
& en faisoient leur profit particulier sans luy en rien donner : à ceste
consideration il fist un Edict, par lequel il deffendist à toutes
10 personnes de porter l'arquebuze, & d'aller à la chasse, sur peine d'estre
punis de mort lors du dernier souspir de leur vie, & à la mesme raison
que dessus, & voyant le revenu de son Royaume ne pouvoit suffire, imposa
des tailles & gabelles sur ses subjects, & mesmes leur fist achepter l'eau
à raison de six deniers l'aune, & establit plusieurs porteurs d'eau en
15 plusieurs endroicts, mesme à Paris, desquels il recevoit tribut :
Toutesfois apres sa mort il les en exempta, & par ce moyen eust dequoy
vivre sans conquester d'autres Royaumes.

XXII

De la mort & trespas de Grangosier, & des lamentations que firent ses
subjects & plusieurs autres peuples, d'avoir perdu un si grand Roy.

Un soir du dernier jour de la feste de Bacchus, que nous appellons en
France le Mardy gras, Grangosier pour executer luy mesme son Edict, touchant
ceste feste, & afin d'y inciter ses subjets, les fist appeller tous à
souper en son Palais où il avoit fait preparer dix mil muids de vin, &
5 les deffia tous ensemble de pouvoir si bien sacrifier au Dieu Bacchus que
luy seul, & pour l'experimenter prist cinq mil muids de vin de son costé,
& leur en bailla autant à tous. Ce fait en moins de demie heure beust
luy seul ceste quantité de cinq mil muids, mais les autres tous ensemble
n'en peurent boire cent muids seullement, bien qu'ils s'efforçassent à
10 boire. Puis voulut gager contre eux à peine de perdre sa couronne, de
boire encores luy seul les quatre mil neuf cens muids de vin qui restoient,
& d'avaller à une seulle fois six bœufs tous vifs sans se faire mal, &
pour monstrer son experience en cela, beut tout ledict vin, & se fist
amener les six plus gros bœufs qu'on peut trouver, lesquels ils prist
15 tous ensemble avec une seulle main, & les avalla tous vifs à la fois, mais
mal luy en prist, car ces bœufs estans ainsi tous vifs dedans son ventre,
pensans estre en une prairie couroient deça & dela, & tant firent qu'avec
leurs cornes ils luy creverent les trippes & boyeaux, dont il en mourust
soudainement avec grande douleur, & avant que de rendre l'ame commanda
20 que à l'advenir les bœufs qui en ce temps là n'avoient accoustumé de rien
faire pour punition de tel crime fussent appliquez à la charruë pour
labourer les terres & attachez par les cornes, afin de ne plus nuire par
le moyen d'icelles, comme ils avoient faict en son endroict : Ce qui fust
deslors executé, & la coustume en est demeuree jusques à present. Sa mort
25 fust tellement regrettee non seullement par ses subjets, mais aussi par
toutes nations, & speciallement par les François que le lendemain Mecredy
que nous appellons maintenant le jour des Cendres, on voyoit le peuple
fort triste au regard du jour precedent, & changeant la bonne chere au
jeusne, laquelle coustume est encores observee pour le jourd'huy par la
30 plus grand partie du monde, bien qu'il y en ait qui ayent voulu dire que
ce n'est pas à cause de Grangosier que telles choses se font : toutesfois
ceux qui tiennent le parti de Robinus Mendax soustiennent le contraire.
Quant à moy je suis du costé de ceux qui ont meilleur droict & raison,
partant je dois gagner mon proces : A quoy je conclus & demande despens.

FIN

AU SIEUR HORRY

sur son Histoire de

Grangosier.

QUATRAIN

Horry ta plume est si subtile
Qu'un tas de folâtres esprits
Croiront plustost en tes escrits,
Qu'ils ne feroient à l'Evangile.

Bâti lieu d'honneur.

AU MESME

Plusieurs courrent au prix, mais un seul le rapporte
Ce n'est pas tout d'escrire il faut tenir son rang,
Estre util & gaillard, qui dict de telle sorte
Comme toy (mon Horry) emporte l'heur du blanc.

N. FLOGNY

NOTES

P. 3   1. 7   *vie* - Horry nous annonce un devoir littéraire sérieux.
On pense à l'attitude de Rabelais vis-à-vis des buts
moraux de l'imprimerie (*Pantagruel*, VIII, p.133, et p.39
du prologue). On trouve une idée analogue chez Des
Periers (*Nouvelles Recreations*, éd. Jourda, ouv. cité
p.363).

P. 3   1. 16   *vertus* - Allusion possible aux nombreux mémoires publiés
à cette époque. Ce recours aux anciens et cette accumulation
d'exemples rappellent plutôt la technique d'un Montaigne
que celle de Rabelais, qui s'en servirait d'une façon
bouffonne pour appuyer telle ou telle facétie ou idée
burlesque. On prendrait facilement les phrases précédentes
pour un extrait des *Essais*.

P. 3   1. 26   *escrit* - Aucune mention de Rabelais. On note aussi que
Horry met en scène le géant qui figure le moins dans l'œuvre
du maître, qu'il a recours à l'ancienne orthographe du nom,
et qu'il emploie dans son titre des adjectifs opposés à
ceux figurant dans le titre des deux premières œuvres
rabelaisiennes (même mystification de la part des deux
auteurs cependant, puisque dans les deux cas le contenu
du récit ne correspond guère au titre). On sent déjà que
le titre *Rabelais Ressuscité* indique moins un rapprochement
d'esprit entre les deux auteurs qu'une simple exploitation
publicitaire.

P. 3   1. 38   *ressusciter* - Encore une indication qu'il s'agit de
"Grangosier ressuscité" plutôt que de "Rabelais Ressuscité".
Pourquoi ce délai, et quelle serait cette "autre cause"?
Brunet voudrait que ce soit la mort de Henri IV que Horry
attendait, mais n'oublions pas la probabilité d'un pastiche
de Rabelais, qui accordait tant d'importance au vin (voir
Gargantua, prologue, p.31), et la possibilité d'un simple
emprunt à Des Periers - "Je vous gardoys ces joyeux propos
à quand la paix seroit faicte,..." (ouv. cité, p.367).
Horry soulève aussi le rapport vin/immortalité, mais puisque
l'œuvre propre n'est pas semée de mystifications métaphysiques
ou d'allégories hermétiques, on est tenté de voir dans
ces explications bachiques un simple prétexte.

P. 3   1. 40   *1610* - Encore une édition perdue? Ou un simple délai
de publication, Horry ayant peut-être terminé l'œuvre
vers la fin de 1610?

P. 3   1. 50   *mesdisans* - Qui médirait sur un livre simplement plaisant?
Cette épître ne résoud pas le problème de la vraie nature
du texte. Elle relève d'un ton et d'idées plus sobrement
présentés que ceux du récit propre, ce qui suggère que c'est
Horry "clerc du lieu de Barges" qui nous parle, plutôt que
Horry le conteur, l'interprète facétieux et énigmatique
de la vie de Grangosier. Néanmoins, on n'y trouve rien
d'original, et on voit qu'il aurait pu emprunter ces idées à
des auteurs qui s'en servent comme simples mystifications

et procédés stylistiques répandus au seizième siècle. D'une ambiguïté voulue, l'épître a suscité la curiosité du lecteur, qu'il soit à la recherche d'exploits vertueux et fantastiques, ou d'une œuvre manifestement didactique.

P. 6   l. 12   *bras* - "descrotter son bas" dans l'édition de Brunet.

P. 6   l. 29   *huile* - Dans *Les Cent Nouvelles Nouvelles* de 1462, il s'agit à la troisième nouvelle de "pescher le diamant", et le meunier emploie envers la femme du chevalier une ruse analogue: "...pource que je ne vouldroye pas que ma science fust descouverte ne cogneue de pluseurs, il seroit expedient que je parlasse a vous a part..." (Voir P. Jourda, *Conteurs Français du XVIᵉ siècle*, éd. Gallimard, 1965, p.35). Ce portrait traditionnel d'une femme "de sens escharsement hourdée" se retrouve chez Horry dans une forme adaptée, car c'est le roi qui est le vrai but de la satire. L'attitude envers les femmes reste cependant la même: "On parle d'elles, mais elles ne paraissent pas" (Jourda, p.XIX). Le concept de cocuage est aussi des plus traditionnels, ainsi que celui de l'appétit sexuel de la femme.

P. 7   l. 33   *deffenduës* - Que représentent ces mouches qu'on chasse "avec harquebuzes ou flesches"? S'agit-il des protestants, ou est-ce une critique des édits dits répressifs de Henri IV, touchant les forêts et la chasse? (Voir Poirson, ouv. cité, tome II, 1, pp.26-9). C'est fort probablement une satire de Henri, mais l'épisode est aussi - on l'a vu - l'occasion d'une description rabelaisienne burlesque. Nous avons toute raison de croire que ni l'un ni l'autre de ces aspects ne sont accidentels, et on peut en dire de même pour tous les exemples de ce genre. C'est au lecteur de juger si Horry visait plutôt aux effets de style qu'à la satire, mais sans oublier qu'à l'époque le contenu satirique aurait été bien plus visible.

P. 8   l. 3   *Grangosier* - On note l'attitude de Horry. L'idée de tuer le fils du roi est justifiée; c'est un peuple opprimé qui s'élève contre l'injustice. Pampegruë - allusion à Pampelune dans la province de Navarre? Mais nous savons qu'en 1612, à Pampelune, Henri sera fort regretté des habitants: "ils ne s'en pouvoient consoler... sa mort leur avoit osté toute espérance de liberté..." (*Mémoires de Fontenay-Mareuil*, t.v, 2ᵉ série, p.11A, collect. Michaud, et cité par A. Poirson, ouv. cité, t.II, 2, p.864).

P.10   ch.VIII

          l. 12   *ce pays là* - Exemple, rare dans ce texte, de jurons burlesques et facétieux si chers à Rabelais.

P.11   l 46   *enfer* - "hardiesse assez remarquable pour le temps" nous assure Brunet dans sa réimpression, p.VII. Mais a-t-il lu les pamphlets de cette époque, ou les ironies du maître écrites quelque quatre-vingts ans auparavant (*Pantagruel*, ch.30)? On trouve de nouveau de l'ambiguïté dans cet épisode du manteau: est-ce une satire contre les rois qui exploitent les richesses de leurs pays, ou simplement une réminiscence de *Gargantua,* ch.8?

P.13   l. 4   *amo* – Cet épisode, qui fait écho aux critiques de Montaigne sur la nécessité de comprendre plutôt que de savoir décliner un mot comme la vertu, pourrait être interprété comme une attaque contre les jésuites. "Ils contentent les écoliers en leur persuadant qu'ils sont de grands docteurs, et que partout ailleurs ils n'en eussent pas appris le quart en dix ans. Ils contentent les pères et les mères par les beaux récits qu'ils leur font des progrès de leurs enfants...". Cette description du *Passe-partout des Pères Jésuites* (Lenient, ouv. cité, t.II, pp.196-7) peut s'appliquer également à l'enseignement du géant. Et cependant, les satires de Henri IV, qui visaient principalement ses amours et le P. Coton, étaient des plus directes, et ce dernier ne figure pas chez Horry. Il est important de signaler toutes les interprétations possibles de la littérature de cette époque, bien que la plupart ne soient peut-être qu'hypothèses.

P.17   l. 51   *craignoit* – La valeur de ces petites ironies fréquentes (le faux lapsus; ces "muets" hésitants) serait augmentée dans un texte ligueur. Ces jeux de mots deviendraient une satire de l'incapacité de Henri à réduire Paris, car même ceux qui applaudissent ce roi dont le rôle est discuté admettent qu'il perdit souvent l'occasion de prendre la ville sans difficultés. La confusion de détails, et cette perspective qui exclut tout enchaînement logique (Henri n'était pas dans Paris au temps de la famine, et l'épisode ne ressemble aucunement à son entrée définitive dans la ville) seraient normales chez un auteur ligueur qui écrit en 1610 et qui compose des allégories d'une manière rabelaisienne.

P.17   l. 15   *Langres* – Ce "clerc du lieu de Barges en Bassigny" semble avoir passé une bonne partie de sa vie en Champagne. A part sa connaissance intime des documents légaux, c'est le seul renseignement que nous offre le texte.

P.19   l.13   *verd* – Bringuenarilles "mourut estranglé, mangeant un coing de beurre frays à la gueule d'un four chauld..." (*Le Quart Livre,* 17, p.229)

P.19   l.24   *mer* – Idée fréquente, également ressuscitée par Rabelais, *Pantagruel,* 23, p.313.

P.19   l.42   *m'ayment* – Renversement net des concepts avancés par Gargantua: "...il le traicta courtoisement... le renvoya en saufconduyt, chargé de dons, chargé de graces, chargé de toutes offices d'amytié...", *Gargantua,* ch.50, p.387. On ne peut pas écarter la possibilité - conforme au caractère de la littérature de cette époque - d'une allusion aux nombreux impôts introduits par Henri (voir Poirson, tome 1, livre VI, ch.3).

P.21   l.98   *eau* – Encore une fois, il s'agit moins d'une satire de l'enseignement que d'un simple procédé stylistique, cette accumulation de métiers bouffons nous rappelant la liste dans

Pantagruel, ch.30, et la satire légère des habits des
Docteurs n'étant pas accompagnée des explications
facétieuses qui caractérisent un épisode semblable dans la
Mythistoire.

P.22   1. 37   *Pierre du Coignet* – ou de Crignières, avocat-général au
Parlement de Paris sous Philippe de Valois, s'opposa à des
entreprises du clergé contre l'autorité royale.   Pour se
venger, le clergé fit faire des marmousets de pierre à
sa ressemblance qu'on plaçait dans les églises et sur
lesquels on éteignait les cierges.   Voir *Le Quart Livre*,
prologue de 1552, p.83.

P.23   1.114   *boire* – Le clocheteur, ou crocheteur comme on l'appelait
par altération, était debout sur une cloche au-dessus de
la Samaritaine du Pont-Neuf, et de là il frappait les
heures avec un marteau placé entre ses jambes.   Il avait
été enlevé à cause des 'pasquils' qui, dirigés contre
Concini, prenaient le clocheteur comme prétexte et prête-
nom.   Concini ne pouvant découvrir le véritable auteur de
ces libelles, s'en prit au "crocheteur", qu'il rendit
responsable.   Cet acte de vengeance ridicule attira la
moquerie publique, et le crocheteur reprit sa place peu de
temps après.   Cet épisode, qui fut un véritable événement,
inspira à Horry ses deux autres œuvres (voir notre
bibliographie), dans lesquelles il reprendra le débat comme
l'indiquent leurs titres.   Ces ouvrages, presque introuvables,
reprennent quelques détails fournis dans le *Rabelais
Ressuscité*, et développent le rapport entre le crocheteur et
la Samaritaine, rapport plein de sous-entendus sexuels, parfois
amusants.   Leur légèreté et leur brièveté les rendent plus
lisibles et plus divertissants.

P.24   1.140   *Caresmeprenant* – La Samaritaine et les crocheteurs de Paris
figurent souvent dans les textes du dix-septième siècle.
Voir, par exemple, les réimpressions de Lacroix (dans *Paris
ridicule et burlesque*, ouv. cité), pp.32-3; pp.92-4 - où
il s'agit encore une fois d'une personnification de
"jacquemard" - et pp.219-223, où il s'agit du pauvre sort
d'un crocheteur, et des cornes que semblaient porter ces
gens à cause des crochets, et qui deviennent un symbole de
cocuage chez Horry.   Pour d'autres textes qui associent
Jacquemart aux crocheteurs, et où figure donc "le crocheteur
de la Samaritaine", voir *Catalogue de l'histoire de France*,
(B.N. Département des Imprimés), tome 1, Paris, 1968, *A Catalog*
et 444, et *French Political Pamphlets, 1547-1648, A Catalog
of Major Collections in American Libraries*, éd. Lindsay et
Neu, University of Winsconsin Press, 1969, où est citée à
la page 227, no.3637, la *Conference du crocheteur du Pont-
Neuf, avec maistre Pierre du Coignet, manant et habitant de
l'eglise Nostre Dame de Paris*, 1616, 15p.   Presque tout
ouvrage paru à cette période, aussi court soit-il, provoque
une réaction immédiate, et on note *La Ligue resusitée* (1615,
7p., p.218, no.3460 de *French Political Pamphlets*), qui fait

naître à son tour *La Ligue renversee, ou response a la Ligue ressuscitee* ("Maingoua", 16p., 1615 et 1616, ouv. cité, pp.219, 232, nos.3473 et 3724).

P.26   l. 3   *Francstaupins* – Le terme "Francs-taupins" désignait les soldats levés dans les villages, faibles au combat mais forts au pillage; une milice rurale bien connue pour sa poltronnerie. Voir *Pantagruel*, VII, p.115, *Gargantua*, XXXV, p.283, *Le Tiers Livre*, VIII, p.133, et les *Escraignes Dijonnoises* de Tabourot, éd. Colletet, t.3, p.238. Il existe aussi un *Miroir des Francz Taulpins*, (Artus Désiré, Paris, 1546), satire contre les luthériens auxquels les catholiques avaient donné ce nom.

P.27   l. 46   *Boutetoutcuire* – Boutetoutcuire figure dans *L'enfant sans soucy, divertissant son père Roger Bon-Temps et sa mère Boute-tout-cuire*, recueil facétieux imprimé à Villefranche chez Nicolas l'Enjoué (en Hollande), en 1682.

P.31   l. 46   Il serait difficile de trouver une œuvre facétieuse où ne figurent pas plusieurs exemples de ces approximations numériques burlesques: Rabelais, Folengo, Des Autels, Béroalde... Voir p.314 de l'*Histoire macaronique*, édition citée dans notre bibliographie, pour d'autres exemples.

P.31   l. 54   *cornes* – Exemple typique de l'ambiguïté inhérente à la satire de Horry. Quel est l'objet de ces facéties – les Princes, les femmes, Henri IV, les femmes de celui-ci? Ou s'agit-il tout simplement d'un de ces jeux de mots si typiques du récit?

P 34   l.183   *orront* – Parodie de la formule "A tous ceux qui ces présentes lettres verront".

P.36   l. 59   – Simple influence de Rabelais et souvenir de la dive Bouteille? Reflet de ces Utopies prévalant à l'époque, ou du goût de remettre la chrétienté dans un contexte mythologique, ou d'expliquer la réalité d'une façon burlesque? On pourrait voir, cependant, dans cet édit et ses menaces, l'abus du pouvoir royal et de la religion, un peuple contraint à accepter une religion imposée. Est-ce que le vin signifie ici l'intolérance religieuse? Aucune preuve, et Horry ne favorise pas d'ailleurs les images hermétiques et multi-symboliques du maître. Si l'on admet que l'intempérance et l'orgueil des géants représentent quelquefois au seizième siècle la révolte des protestants, (voir F. Joukovsky-Micha dans B.H.R. 29, article cité), il faut admettre également une association encore plus voulue entre le Grangosier de Horry et la légende populaire. Toute interprétation religieuse resterait donc des plus conjecturales.

P.41   l.212   *Cornes* – Parodie de la phrase "la force gît au cœur" (*Supplément du Catholicon*, voir Lenient, ouv. cité, t.2, p.116, note 1)? Il s'agit d'une véritable "maistrise" en cocuage dans cet épisode, et l'idée d'honorer les cocus se retrouve dans cette satire de la cour de Henri III, la

Description de l'île des Hermaphrodites de 1605: "nous
voulons qu'on face cas d'un mary en proportion de la
multitude des cornes qu'il portera, ainsi que les chasseurs
font des Cerfs..." (p.64).   Nous avons déjà signalé
l'influence des *Ordonnances Generalles d'Amour*, de
Pasquier.

P.41   l. 2   *aveugles* – Vu la signification contemporaine de ce chapitre,
on peut se permettre de croire que cette mystification nous
invite à chercher la "mouelle" de l'épisode.   Etant donné
l'échec du livre de Horry, d'ailleurs, cette description
serait, quoiqu'involontairement, des plus justes!

P.43   Ier   *honneur* – Quatrain maladroit et ambigu.   Le mot "subtile"
quatrain   donne un ton quelque peu ironique devant ces "folâtres esprits".
Si, cependant, ce dernier terme ne satirise pas la crédulité
de ceux qui croient en l'œuvre de Horry, mais vise ceux qui
ne croient pas en l'Evangile, ce quatrain ferait alors
honneur à la grande subtilité de Horry: il a si bien su
déguiser sa "sustantificque mouelle" que ces 'folâtres
esprits' croiront l'histoire superficielle au lieu de
s'apercevoir du véritable sens du récit.

P.43   IIe   *Flogny* – Quatrain plus clair, ce "prix" rappelle la "mouelle"
quatrain   du maître, et la dualité "util et gaillard" est l'essence
même de l'attitude de Rabelais.   Si le rire est "le propre
de l'homme", que cela ne nous empêche pas de reconnaître
les "fines drogues" cachées dans les "boîtes silènes."
Ce quatrain suit de près l'éloge de Salel, mis en tête de
l'édition de 1542 de *Pantagruel* (p.35).   Témoignage
intéressant concernant le recueil de l'œuvre, ce quatrain
constituerait, dans le cas où ce N. Flogny serait Horry
lui-même, un aveu important de son attitude vis-à-vis de sa
création.   Ces quatrains n'apparaissent pas dans la
réimpression de 1867.

TABLE DES MATIERES